Mark Oberländer

Im Fadenkreuz des DRG-SYSTEMS!

Operieren und abkassieren!

AF194683

Ich bitte Sie, geben Sie das erworbene Wissen an Ihre Kinder, Ihre Bekannten und Verwandten weiter und helfen Sie mit dem Operationswahnsinn ein Ende zu bereiten. Es muss aufhören, dass wir Patienten weiterhin in Umsatzsteigernd oder Umsatzschmälernd eingeteilt werden. Das wir Patienten unnötig operiert werden mit ungewissen Langzeitfolgen, obwohl eine konservative Behandlung völlig ausreichen würde, nur um die Geldgier eines Arztes bzw. einer Klinik zu befriedigen. Wir Patienten müssen wieder als Menschen angesehen werden und nicht als Goldesel!

Vielen Dank!

Mark Oberländer

Im Fadenkreuz des DRG-SYSTEMS!

Operieren und abkassieren!

Bibliografische Information der Deutschen Nationalbibliothek: Die Deutsche Nationalbibliothek verzeichnet diese Publikation in der Deutschen Nationalbibliografie; detaillierte bibliografische Daten sind im Internet über http://dnb.dnb.de abrufbar.

„SYBMO" Entwurf (Autorentätigkeit), Herstellung
und Vertrieb von Büchern
Diagnose-Bandscheibenvorfall@t-online.de
www.stopptdasdrgsystem.de
www.diagnose-bandscheibenvorfall.de

Cover und gezeichnete Abbildungen:
VK-ArtDesign
https://www.vk-artdesign.de
vk-artdesign@web.de
Vielen Dank Vanessa, für das coole Cover!

Verantwortlich für den Inhalt:
Mark Oberländer
Bibergauer Weg 1
97320 Buchbrunn
www.stopptdasdrgsystem.de
www.diagnose-bandscheibenvorfall.de

Herstellung und Verlag: BoD – Books on Demand, Norderstedt

ISBN: 978-3-7562-0501-1

Der größte Auslöser für Krankheiten ist die Unwissenheit!

Vorwort
Das ärztliche Gelöbnis bzw. das Genfer Gelöbnis
(Hippokratischer Eid)

➢ Das Märchen vom Deutschen Gesundheitssystem!

➢ Warum ich dieses Buch schreibe

- ab Seite 11 -

Kapitel 1
Wie ist es zum Operationswahnsinn gekommen?
(Erklärung anhand von unnötigen Bandscheibenoperationen)

➢ Wann ist eine Bandscheibenoperation wirklich nötig?

➢ Warum wird in Deutschland so viel operiert?

➢ Grundgesetz Artikel 2 Absatz 2: Jeder hat das Recht auf Leben und körperliche Unversehrtheit!

➢ § 223 Strafgesetzbuch: Körperverletzung

➢ § 225 Strafgesetzbuch: Mißhandlung von Schutzbefohlenen

➢ Das Patientenrechtegesetz

➢ Blutige Entlassung

- 17 -

Kapitel 2
DRG-System (Diagnosis Related Groups)

➢ Auf Deutsch: Diagnosebezogene Fallgruppen –> sog. Fallpauschalen **„Was ist das?"**

➢ Herzlichen Dank an Herrn Seehofer und seine Mittäter

➢ DRG-System: „Das System, das uns krank macht"

➢ Der Controller: „Der Sanierer, der Finanzhai der Krankenhäuser"

➢ Kopfgeld für operierte Patienten!

- ➢ Eine sehr wichtige Frage meinerseits an unsere führenden Politiker

- ➢ Grundgesetz Artikel 1 Absatz 1: „Die Würde des Menschen ist unantastbar. Sie zu achten und zu schützen ist Verpflichtung aller staatlichen Gewalt"

- ➢ **Die Statistiken des Grauens!**

- ➢ Meine erste Forderung an Herrn Bundesgesundheitsminister Lauterbach

- ➢ Die Wirbelversteifungsoperation: „Eine schreckliche Folge des DRG-Systems" (Spondylodese und Osteosynthese)

- ➢ Risiken einer Wirbelsäulenversteifungsoperation

- ➢ In welcher Region Deutschlands wird am meisten operiert? Sei wachsam lieber Patient!

- ➢ Danksagung! An das ausgebeutete Krankenhauspersonal und die rechtschaffenen Ärzte in unserem Gesundheitssystem

- 37 -

Auswirkungen auf den Bereich „Rehabilitation" im Gesundheitswesen

Kapitel 3
Rehabilitation: Das Zehn-Milliardengeschäft
- Fließbandarbeit an uns Rehabilitanden -

- ➢ Leitfaden der XXX-Klinik –> Alles Lug und Trug!

- ➢ Willkommen im Horror-Haus!

- ➢ Deutsche Sprache, schwere Sprache

- ➢ Mein Appell an alle Mitarbeiter von Reha-Einrichtungen!

- ➢ Wie kann es sein, dass Ärzte aus Drittstaaten, die der deutschen Sprache kaum mächtig sind, in Reha-Einrichtungen praktizieren dürfen?

- ➢ Die sechs Stufen des Sprachniveaus

- ➢ Der manipulierte Reha-Entlassungsbericht: „Baron Münchhausen lässt grüßen!"

6

Kapitel 4
Vorschläge zur positiven Veränderung des Gesundheitssystems

Nichts ändert sich, bis Du Dich änderst, aber dann ändert sich alles!

Kapitel 5
Dein Körper und unsere Erde
- 136 -

Zum Abschluss

- 156 -

„Zur besseren Lesbarkeit wird in diesem Buch auf die gleichzeitige Verwendung männlicher und weiblicher Sprachformen verzichtet. Es wird das generische Maskulin verwendet, wobei beide Geschlechter gleichermaßen gemeint sind."
Das vorliegende Buch wurde sorgfältig von mir erarbeitet. Dennoch erfolgen alle Angaben ohne Gewähr. Weder ich, SYBMO, VK-ArtDesign, die Druckerei, der Verlag oder andere Mitwirkende können für eventuelle Nachteile oder Schäden, die aus den im Buch vorgestellten Informationen resultieren, Haftung übernehmen.

Der größte Auslöser für Krankheiten ist die Unwissenheit!

(Mark Oberländer)

Das ärztliche Gelöbnis bzw. das Genfer Gelöbnis (Hippokratischer Eid)

Als Mitglied der ärztlichen Profession gelobe ich feierlich, mein Leben in den Dienst der Menschlichkeit zu stellen. Die Gesundheit und das Wohlergehen meiner Patientin oder meines Patienten werden mein oberstes Anliegen sein. Ich werde die Autonomie und die Würde meiner Patientin oder meines Patienten respektieren. Ich werde den höchsten Respekt vor menschlichem Leben wahren. Ich werde nicht zulassen, dass Erwägungen von Alter, Krankheit oder Behinderung, Glaube, ethnischer Herkunft, Geschlecht, Staatsangehörigkeit, politischer Zugehörigkeit, Rasse, sexueller Orientierung, sozialer Stellung oder jeglicher anderer Faktoren zwischen meine Pflichten und meine Patientin oder meinen Patienten treten. Ich werde die mir anvertrauten Geheimnisse auch über den Tod der Patientin oder des Patienten hinaus wahren. Ich werde meinen Beruf nach bestem Wissen und Gewissen, mit Würde und im Einklang mit guter medizinischer Praxis ausüben. Ich werde die Ehre und die edlen Traditionen des ärztlichen Berufes fördern. Ich werde meinen Lehrerinnen und Lehrern, meinen Kolleginnen und Kollegen und meinen Schülerinnen und Schülern die ihnen gebührende Achtung und Dankbarkeit erweisen. Ich werde mein medizinisches Wissen zum Wohle der Patientin oder des Patienten und zur Verbesserung der Gesundheitsversorgung teilen. Ich werde auf meine eigene Gesundheit, mein Wohlergehen und meine Fähigkeiten achten, um eine Behandlung auf höchstem Niveau leisten zu können. Ich werde, selbst unter Bedrohung, mein medizinisches Wissen nicht zur Verletzung von Menschenrechten und bürgerlichen Freiheiten anwenden. **Ich gelobe dies feierlich, aus freien Stücken und bei meiner Ehre.**

JETZT lesen Sie, wie es wirklich ist!

Vorwort

Bevor ich loslege und beim Lesen dieses Buches vielleicht ein falscher Eindruck von mir entsteht, möchte ich vorab eins klarstellen:

Ich bin froh, in Deutschland zu leben! Keine Frage! Ich bin auch nicht gegen Operationen, die sinnvoll sind. Das heißt, wenn alle konservativen Maßnahmen ausgeschöpft sind und der Körper es nicht schafft, sich aus eigener Kraft zu heilen! Ich spreche auch nicht von absoluten Notfallsituationen, indem es um Leben und Tod geht. „Wir wollen alle Leben!" Und ich bin froh, dass es so schlaue Menschen in Deutschland gibt, die uns Patienten helfen können und das zum größten Teil – hoffentlich – auch nach dem Genfer Gelöbnis (früher Hippokratischer Eid) tun.

Aber ich bin verdammt nochmal, mit jeder Faser meines Körpers, gegen unnötige und aus wirtschaftlichen Interessen ausgeführte Operationen – geplante Körperverletzungen, – die an hilfsbedürftigen und arglosen Menschen durchgeführt werden, mit ungewissen Langzeitfolgen. Von wucherndem Narbengewebe, Verschlimmerung der Schmerzen usw. bis hin zum Tod während einer Vollnarkose.

Ich war zweimal dabei, aus Unwissenheit, über "meine" Krankheit Bandscheibenvorfall und aus Unwissenheit über dieses schreckliche und widerwärtige DRG-System (Diagnosis Related Groups). Einmal wurde ich aus wirtschaftlichem Interesse des Arztes und einmal unnötig auf Verdacht operiert. Operiert in die Erwerbsminderungsrente. Herausgefunden habe ich das, weil ich mich seit knapp zwei Jahren mit allem, was das Thema Bandscheibenvorfall betrifft, beschäftige, um mich selbst aus den Schmerzen zu befreien. Was mir auch gelingt. Zwar langsam, aber sicher. 22 Jahre Patientenkarriere gehen nun mal nicht einfach von heute auf morgen spurlos an einen vorbei. Während dieser Recherche bin ich auf so viele skandalöse, unbegreifliche, einfach nur unglaubliche und abscheuliche Dinge in unserem Gesundheitswesen gestoßen. Und die werde ich Ihnen mitteilen! Schonungslos und ungeschminkt!

Geld und Konkurrenzkampf sind ein schlechter Wegbereiter im Gesundheitswesen!

Deswegen brauche ich Ihre Hilfe! Helfen Sie mit diesem von Geldgier geprägtem DRG-System, unserem jetzigen "Gesundheitssystem!?" den Geldhahn zuzudrehen. Wir müssen Druck auf die Regierung ausüben, damit nicht mehr aus wirtschaftlichen Gründen unnötig operiert wird mit weitreichenden Langzeitfolgen oder sogar Tod während der Narkose, sondern aus Fürsorge und Patientenwohl. WIR SIND KEINE GOLDESEL! Wir müssen das DRG-System stoppen! 283 Krankenhäuser hat der harte wirtschaftliche Konkurrenzkampf bis heute das "Leben" gekostet und es ist kein Ende in Sicht! Helfen Sie mit. Schreiben Sie mir eine E-Mail an Diagnose-Bandscheibenvorfall@t-online.de wie es Ihnen ergangen ist. Sind Sie auch ein Opfer dieses geldgeilen Gesundheitssystems? Haben Sie Lösungsvorschläge? Kennen Sie jemanden, der Einfluss hat? Wir müssen anfangen uns zu wehren! Wir müssen uns Gehör verschaffen! Das geht nur gemeinsam! Zwei Volksbegehren werde ich auf den Weg bringen:

1. Das DRG-System stoppen! Und unser Gesundheitssystem sinnvoll zu reformieren, mit unser aller Vorschläge! Siehe Seite 120 Brainstorming.

2. Das Schulsystem etwas zu reformieren. Damit das Bulimie-Lernen aufhört. Das die Lehre über unseren Körper Einzug hält. Wie wir achtsam mit ihm umgehen, welche Volkskrankheiten usw. es gibt. Welche Maßnahmen wir ergreifen können, um uns davor weitestgehend schützen zu können, beispielsweise durch gesunde Ernährung usw. Siehe Seite 120 Brainstorming.

Herzlichst Ihr Mark Oberländer

Das Märchen vom Deutschen Gesundheitssystem!
„Patient Goldesel!"

Abbildung 1: Goldesel Mark Oberländer

Es war einmal in Deutschland, vor nicht allzu langer Zeit …
Da gab es ein Gesundheitssystem.
Ein Gesundheitssystem, indem ein hilfesuchender und notleidender Mensch noch als Mensch behandelt wurde.
Indem der Mensch noch Patient sein durfte und nicht in Umsatzfördernd oder Umsatzschmälernd eingeteilt wurde.
Indem der hilfesuchende und notleidende Mensch noch **echte Hilfe** von allen Ärzten bekam.
Indem auf mitfühlende Art und Weise behandelt wurde und nicht mitleidslos, gefühlskalt, gehetzt und mit einem **grooooßen** finanziellen Hunger.
Indem **nuuur** operiert wurde, nachdem alle konservativen Maßnahmen ausgeschöpft waren und hierdurch offensichtlich wurde, dass der Körper des Patienten die Heilung nicht aus eigener Kraft vollziehen konnte.
Indem nur operiert wurde, nachdem die Risiken und Langzeitfolgen für den Patienten durch die geplante Körperverletzung ordentlich abgewogen wurden **-> ohne finanzielle Interessen**.
Indem der Mensch im Krankenhaus mit einem Lächeln gesund gepflegt wurde, weil es genügend fachkundiges Personal und sogar Zivildienstleistende gab, die die schwierige und sehr wichtige Aufgabe mit Freude erledigten. Die mit einer riesigen Freude ihrer

sehr wichtigen Arbeit im Staate Deutschland nachgingen und dadurch dem angeschlagenen Patienten das Gefühl von Fürsorge gaben. Fürsorge, die jeder Patient braucht, um schneller zu genesen. So konnte er auch schneller wieder seiner Arbeit nachgehen. Um seine Familie zu ernähren und gleichzeitig der Solidargemeinschaft eine wertvolle Stütze sein.

Kurz gesagt, es war einmal in Deutschland vor nicht allzu langer Zeit ...

Da gab es ein Gesundheitssystem.

Ein Gesundheitssystem, indem der Mensch noch als **Mensch** angesehen wurde und nicht als **Patient „Goldesel!"**

Bis eines Tages im Jahr 1998 der böse Wolf auf die Idee kam, mit seinen vielen kleinen Helferlein dieses schöne Gesundheitssystem aus dem Weg zu räumen. Um Platz zu schaffen für ein anderes System.

Einem krank machenden System. Dem sogenannten DRG-System mit seinen Fallpauschalen!

Einem „Krankheitssystem", das nun von wirtschaftlichen Interessen getrieben wird. Das gnadenlos 283 Krankenhäuser bis heute vernichtet hat, weil sie dem wirtschaftlichen Konkurrenzkampf nicht standhalten konnten oder wollten. Weil deren Ärzte aus ethischen Gründen die hilfesuchenden und notleidenden Menschen nicht als „Goldesel" ansahen.

Die die Menschen nicht unnötig aus finanziellen Interessen operierten, um ihr Krankenhaus im neu erschaffenen und harten wirtschaftlichen Konkurrenzkampf zu retten.

Und somit hatte der Wolf erreicht, was er wollte.

Der Wolf hat Platz gemacht.

Platz für seine vielen von Gier nach Geld getriebenen Kinder, die sich in private Kapitalgesellschaften und Investmentgruppen zusammenschlossen, um ein Krankenhaus nach dem anderen zu übernehmen.

Mit dem Ziel der Rendite. Mit dem Ziel der Gewinnmaximierung. Mit dem Ziel jedes kleine „Goldeselchen", das es nicht bei drei schafft, sich aus den Klauen der kleinen geldgierigen Wölfe zu befreien, zu operieren, auszusaugen und so manches Mal unnötig am Leben zu erhalten, um auch wirklich noch das Letzte aus ihnen rauszuholen.

Die es durch ihr unethisches und geldgieriges Verhalten sogar geschafft haben, die übrig gebliebenen rechtschaffenen staatlichen und freigemeinnützigen Krankenhäuser in deren Bann zu ziehen. Die nun auch größtenteils aus wirtschaftlichen Interessen handeln bzw. handeln müssen, um zu überleben. Nicht nur gegen die Investmentgesellschaften, sondern auch gegen die vielen, vielen neurochirurgischen Arztpraxen, die in dieser Zeit von 1998 bis heute wie Pilze aus dem Boden geschossen sind.

Die sich nun auch auf die kleinen „Goldeselchen" stürzen, wie die Schmeißfliegen auf die dampfende Scheiße, um sich die dicken Rosinen vom Kuchen zu picken, in Form von lukrativen Prozeduren und Operationen. **Aber** dies ist eine andere Geschichte.

Die Moral von der Geschicht: Ehre und Gewissen lohnen sich nicht!!!

Wie es so weit kommen konnte, fragen Sie sich?

Ich werde es Ihnen anhand der unnötigen und sehr verbreiteten Volkskrankheit „Rückenschmerz –> Bandscheibenvorfall", erklären, die jährliche Gesundheitsausgaben von ca. 53 Milliarden Euro verursacht. Somit werden Sie nebenbei noch wertvolles Wissen mitnehmen, um gegen die Auswirkungen eines Bandscheibenvorfalls gewappnet zu sein und nicht blauäugig von einer in die nächste Operation geschickt zu werden, um in den Sumpf des geldgierigen DRG-Systems zu versinken. Indem ich lange gefangen war!

MEIN AUFRUF!
Stoppt diesen Operationswahnsinn!
Stoppt das DRG-System!

Warum ich dieses Buch schreibe

Weil ich in meiner bereits seit über 22 Jahren andauernden Patientenkarriere, ausgelöst durch Unwissenheit und einen Bandscheibenvorfall im Alter von 25 Jahren, einen tiefen Einblick in das von Herrn Seehofer und seinen Mittätern erschaffene, gefühlskalte und von Geldgier geprägte Gesundheitssystem, dem „System der Fallpauschalen" nehmen konnte. Durch einen Bandscheibenvorfall, der von unserer Gesellschaft und vor allen Dingen von einem Großteil der Ärzteschaft bewusst zu einer 08/15 Krankheit herabgestuft wurde, da jetzt an jeder Ecke ein Neurochirurg lauert, der die Beschwerden durch eine für ihn einfache und äußerst lukrative Operation angeblich lindern kann. Ich habe bei zwei von meinen drei Operationen wohl eher die finanziellen Beschwerden der behandelten Ärzte gelindert, da diese Operationen nach meiner eingehenden Recherche unnötig waren, aber dafür leider mit weitreichenden Langzeitfolgen behaftet sind. **Passen Sie auf, bei der Wahl Ihrer Ärzte! Seien Sie auf der Hut!**

Hätte ich damals im Alter von 25 Jahren meinen Ratgeber „Diagnose Bandscheibenvorfall Was soll ich jetzt tun?" gelesen, dann wäre mir sehr vieles erspart geblieben. Dann hätte ich wohl auch nie meine Definition von Schmerz zu Papier gebracht, die da lautet:

"Schmerz ist ein gnadenloses, heimtückisches und ständig auf der Lauer liegendes Monster, das sich in den verschiedensten Schmerzstärken und Schmerzarten, fern jeglicher Vorstellungskraft, tief in deinen Körper, deinen Verstand und in deine Seele frisst, um Dich langsam ‚Stück für Stück' von innen heraus zu zerreißen und somit an den Rande des Wahnsinns oder in den Tod zu treiben".

Und nie meinen Kampf begonnen! Meinen Kampf gegen dieses ekelhafte und von Geldgier geprägte Gesundheitssystem in Deutschland!
Dem DRG-System (Diagnosis Related Groups), dem System der Fallpauschalen! Das aus vielen vormals fürsorglichen Ärzten geldgierige und von Umsatzgeilheit getriebene Monster im weißen Kittel gemacht hat.
Also machen Sie es besser als ich und vermeiden Sie jahrelange Schmerzerfahrung, die Sie an die Grenze des Wahnsinns treiben kann. **Bleiben Sie wachsam bei der Wahl Ihrer Ärzte!** Sie werden jetzt lesen, warum!

Kapitel 1
Wie ist es zum Operationswahnsinn gekommen?

Beginnen möchte ich damit, dass 90 Prozent aller durchgeführten Bandscheibenoperationen (Rosinen) in Deutschland unnötig sind, – das bestätigen sehr viele Ärzte und Professoren, – aber dennoch durchgeführt werden! Nicht nur diese Operationen sind unnötig, sondern auch viele Knieoperationen, Hüftoperationen usw. usw. Um alles zu verstehen, stelle ich Ihnen jetzt die drei Szenarien vor, wann eine Bandscheibenoperation wirklich sinnvoll ist -> beruhend auf den Aussagen von angesehen Professoren und Ärzten.

Wann ist eine Bandscheibenoperation wirklich nötig?

1.) Wenn Sie wochenlang solche Schmerzen haben, dass Sie nicht mehr stehen und gehen können und sich die Schmerzen durch kein Medikament lindern lassen. Aber vorher müssen alle anderen infrage kommenden Ursachen ausgeschlossen werden, dann **kann** eine Überlegung für eine Operation ratsam sein.

2.) Eine Bandscheibenoperation **muss** allerdings immer erfolgen, wenn Sie akute Lähmungserscheinungen haben und diese sich mit der Zeit verschlechtern.

3.) Und da ist noch der **medizinische Notfall**, bei dem es kein „Wenn und Aber" mehr gibt. Hier zählt jede Minute, hier **muss** so schnell wie möglich eine Notoperation durchgeführt werden. Beim „Kauda-Syndrom" mit seinen speziellen Symptomen, – den sogenannten „Red Flags" z. B.
- Akute Blasenfunktionsstörung –> Blasenentleerungsstörung: Schwierigkeiten beim Wasser lassen oder Inkontinenz: Harn bzw. Urin kann nicht mehr gehalten werden
- Stuhlinkontinenz –> ist die Unfähigkeit seinen Stuhlgang oder die natürlichen „Winde" zurückzuhalten.

Kurze Anmerkung von mir: Eine Bandscheibenoperation sollte niemals aufgrund von Rückenschmerzen alleine durchgeführt werden! Nie, nie, niemals!

Diese drei Szenarien betreffen maximal 5 – 10 Prozent aller Bandscheibenpatienten! Positiv gesehen 90 – 95 Prozent aller

Bandscheibenvorfälle müssen nicht operiert werden. **DOCH** warum haben sich beispielsweise, im Jahr 2019 von ca. 180.000 bandscheibengeplagten Menschen, – ich war dabei – 152.785 an der Bandscheibe operieren lassen? (Klär ich gleich).

> **Nochmal, weil es so unfassbar ist: 90 – 95 Prozent aller Bandscheibenvorfälle müssen nicht operiert werden!**

Zu dieser Aussage habe ich eine Riege von Professoren, Ärzte usw. zusammengestellt, die alle der gleichen Meinung sind, wann es sinnvoll ist, eine Bandscheibenoperation durchzuführen. Bitte lassen Sie diese Meinungen auf sich wirken und denken Sie später nochmal daran, sobald ich Ihnen die Tabellen zeige, die den ganzen Operationswahnsinn in Deutschland aufzeigen. Aber jetzt:

Warum wird in Deutschland so viel operiert?

Diese Frage muss von zwei Seiten betrachtet werden. Aus Sicht von uns Patienten und aus Sicht der behandelnden Ärzte:

- Aus Sicht von uns Patienten -

1. Weil wir an uns selbst eine Erwartungshaltung haben. Dass wir so schnell wie möglich wieder auf die Beine kommen wollen/müssen, um z. B. unserer Arbeit nachzugehen, um die Familie zu versorgen usw. *Kurz:* Um einfach so schnell wie möglich wieder zu „funktionieren“.

2. Weil wir die Erwartungshaltung anderer – Partner, Familie, Arbeitgeber, Gesellschaft usw. – an uns bewahren möchten. *Kurz:* Das geht nur, wenn wir wieder so schnell wie möglich „funktionieren“.

3. Aus finanzieller Sicht, verbunden mit der Angst vor einem sozialen Abstieg. Also aufs Abstellgleis „Hartz IV“ geschoben zu werden und damit in manchen Augen als „asozial“ zu gelten.

4. Unser mangelndes Wissen, wie wir uns vor den „Volkskrankheiten“ usw. schützen können.

5. Die heftigen Schmerzen so schnell wie möglich wieder loszuwerden, – ohne „Wenn und Aber“. Egal wie! „Unser Verstand“ löst sich während dieser Phase in Luft auf.

6. Wir haben aufgehört, unseren Selbstheilungskräften zu vertrauen, obwohl unser Körper das Wissen von so vielen Generationen, also von Anbeginn der Menschheit in sich trägt. Wir haben einfach verlernt bzw. nie richtig gelernt, dass unser Körper eine regelrechte „Selbstheilungsmaschine" ist, wenn man ihn lässt. Wenn man ihn Zeit lässt und das „Fehlverhalten" abstellt, was zur Krankheit geführt hat. Eben die Ursache ausschaltet!

6. „Blindes Vertrauen". Ein sehr wichtiger Punkt!

Der Arzt empfiehlt uns eine Operation und wir vertrauen blindlings. Hinterfragen oft nicht weshalb, warum, wieso. Wir stellen oft nicht die Frage, ob es Alternativen gibt. „So war es bei mir". Ich habe lange Zeit darüber nachgegrübelt, warum ich nichts wirklich hinterfragt hatte. Warum ich mich, oder warum sich so viele Menschen an der Bandscheibe operieren lassen bzw. ließen, obwohl es sooft nicht notwendig ist oder war.

Meine Lösung:

Wir alle verbinden von Kind auf den „Onkel Doktor in seinem weißen Kittel", mit einem Mann, dem man blind vertrauen kann. Dieses Vertrauen wird im Kindesalter aufgebaut, nachdem er uns das „Xte-Mal" von unseren Kinderkrankheiten wie z. B. Husten, Schnupfen, Windpocken geheilt hat und durch die U1 – U9 Vorsorgeuntersuchungen, wo wir als Kinder noch was zu Naschen zum Abschied bekamen. Verstärkt wird dieses Vertrauen im jungen Erwachsenalter, als uns der „Doc" beispielsweise von den Schmerzen einer Prellung, eines Knochenbruchs oder einer Schürfwunde befreit hatte. Diese Szenarien haben sich bei uns allen ins Gehirn eingebrannt. Wir verbinden aber nicht den „Herrn so und so" damit, sondern den „Mann im weißen Kittel". Und das ist das Tragische an der ganzen Sache. Sobald wir in ein Arztzimmer kommen und den Menschen in seinem Arztkittel sehen, verbinden wir im Unterbewusstsein diesen Mensch sofort mit einem Menschen, der gebildet ist, dem wir vertrauen können und der uns helfen möchte. Korrigieren Sie mich, falls es nicht so ist.

Doch ist das immer so? Dass uns der „Herr Doktor" auch wirklich helfen möchte, ohne an sich selbst zu denken, seinen eigenen Nutzen daraus zu ziehen? Haben wir vergessen, was Ärzte sind? Wissen Sie was Ärzte sind? Sie sind auch Menschen und keine Götter in Weiß!!

Ärzte haben die gleichen Probleme wie Du und Ich! Sie müssen genauso mit den alltäglichen Problemen zurechtkommen. Manche sind vielleicht nicht glücklich mit ihrer Arbeit oder vielleicht auch überfordert. Manche haben ihren Beruf verfehlt oder stehen kurz vor einem „Burn-out". Eine Anzahl ist sicherlich Tablettenabhängig oder Alkoholabhängig. Sie haben genauso gute und schlechte Tage in ihrem Leben usw. und sofort. Also ganz normale Menschen wie „Du und Ich".

Sie benötigen genauso Geld wie Du und Ich! Jeder Arzt muss seine Rechnungen begleichen. Viele Ärzte bekommen Druck von ihren Vorgesetzten bzw. von der Klinikleitung umsatzorientiert zu denken. Oder sie müssen ihre neu erworbene Praxis oder den neuen Porsche bezahlen und so gerät wohl so manches Mal z. B. bei den 90 Prozent unnötiger Bandscheibenoperationen der hippokratische Eid bzw. das heutige Genfer Gelöbnis in Vergessenheit. Bzw. die Grundregel des Arztseins gerät in Vergessenheit: „Die Gesundheit und das Wohlergehen meiner Patientin oder meines Patienten werden mein oberstes Anliegen sein und ich werde ihn nicht durch Geldgier körperlichen Schaden zufügen".

7. Der wichtigste Punkt!
Weil viele Krankheiten heutzutage zu „08/15-Krankheiten" herabgestuft wurden, die mit Standardoperationen „schnell" mal behoben sind, wie z. B. der Bandscheibenvorfall. Es werden Aussagen getroffen, wie beispielsweise, dass eine Operation an der Bandscheibe nicht schlimm sei. Damit es eine Standardoperation ist und in 45 Minuten abgehandelt wäre usw. und einfach jeder diese „Grütze" nachplappert, ohne die Risiken und Langzeitfolgen, die solch eine Bandscheibenoperation mit sich bringt, genau zu kennen. Die Folgen zu kennen, was so ein Gemetzel im Körper anrichtet. Genauso ein „Schaf" war ich auch. Immer den Mist der anderen nachplappern. Die Birne ausschalten und der Herde auf den Operationstisch folgen. Immer schön „Ja und Amen" sagen, ohne sich darüber im Klaren zu sein, was da auf einen zukommt. Kennen Sie das? Das ist nicht nur beim Bandscheibenvorfall so, sondern fast bei jeder Operation wie beispielsweise einer Knie-OP, einer Hüft-OP usw. usw.

- Aus Sicht der behandelnden Ärzte, - warum so viel operiert wird:

Diese Frage klärt unter anderem der erste der hochkompetenten Professoren und Ärzte, die ich recherchiert habe. Die Aussagen dieser Menschen habe ich in Videos, Vorträgen und auf deren Webseiten gefunden, dessen Link ich zu jedem anhänge.

1. Professor Dr. med. Dr. h.c. Uwe Spetzger

Geschäftsführer des Städt. Klinikums Karlsruhe, Facharzt und Direktor der Neurochirurgie

Video:

Bandscheiben OP - immer notwendig? Dauer 31:17 Minuten

Link dazu:
https://www.youtube.com/watch?v=CJ5Sqm2ygQo

Hier ein paar Zitate aus dem Vortrag des Herrn Professors:

1. **Ab Minute 2:47:**

   Frage: „Wird zu viel operiert in Deutschland?"

   Antwort: „Ja" z. B. weil der Wirtschaftszweig Medizin ein Wachstumsmarkt ist usw.

Das ist die erste Antwort, warum aus Sicht der Ärzte so viel operiert wird. **Weil die Medizin ein Wirtschaftszweig geworden ist und damit Geld verdienen an erster Stelle steht.**

Jetzt wird es noch mal höchst interessant:

2. **Ab Minute 30:29 eine Aussage, die es in sich hat!**

   „Im Prinzip gehört eine Bandscheibe operiert, wenn der Patient eine akute Lähmung hat, die sich verschlechtert. Wenn er eine Blasenstörung hat oder wenn er wochenlang solche Schmerzen hat, dass er nicht mehr stehen und gehen kann und die Schmerzen durch kein Medikament behandelt werden können!" (*Anmerkung:* Also bei max. 5 – 10 Prozent aller Bandscheibenvorfälle).

Merken Sie was? Weiter geht's.

2. Professor Dr. Andreas Hufnagel

Facharzt für Neurologie mit eigener Neurologischer Privatpraxis „Neuro-Consil GmbH"
Universitäts-Professor an der Universität Duisburg-Essen,
Geschäftsführer der Neuro-Consil GmbH

Webseite: Neuro-Consil

Link: https://www.neuro-consil.de/bandscheibenvorfall
–> auf dieser Seite runterscrollen bis zu folgenden Aussagen.

Wie ist die Prognose bei einem Bandscheibenvorfall in der Lendenwirbelsäule?

Bei konservativer Behandlung liegt die Erfolgsquote über 90 Prozent. Abhängig vom Ausmaß des Bandscheibenvorfalles kommt es nach einem Jahr bei ca. 75 Prozent der Patienten zu einer teilweisen oder kompletten Rückbildung des Vorfalles oder der Vorwölbung im Computertomogramm (CT) oder Kernspintomogramm (MRT) der Lendenwirbelsäule.

Diese Aussage ist sehr interessant. Auch hier stehen die 90 Prozent im Vordergrund. Was fällt Ihnen noch auf? Bandscheibenvorfälle können sich von alleine zurückbilden!

Auf deren Webseite ist auch nachzulesen, wann eine Operation erforderlich ist:

Eine Operation ist erforderlich, wenn es zu Symptomen mit Störungen der Blasen- und/oder Darmfunktion, schweren Lähmungen ohne Rückbildungstendenz innerhalb von 2 – 3 Wochen oder ein gar nicht auf die nichtoperative Therapie ansprechendes Schmerzsyndrom mit dazu passendem Befund in der Schichtaufnahme kommt. *(Anmerkung: Also bei max. 5 – 10 Prozent aller Bandscheibenvorfälle).*

Merken Sie was? Weiter geht's.

3. Dr. med. Claudius Gall, Bac. phil. MBA
Inhaber Praxis: Schmerzwerkstatt München. Facharzt für Neurochirurgie, sowie Schmerztherapeut
Webseite: Schmerzwerkstatt
Link dazu: https://www.schmerzwerkstatt.de/rueckenschmerzen/bandscheibenvorfall

Seine Aussage:

Tatsächlich werden in Deutschland 100.000 Bandscheibenoperationen pro Jahr durchgeführt *(Anmerkung: Das ist noch untertrieben. Meine Statistik kommt noch, – dann werden Sie sich die Augen reiben. Die Zahl ist weitaus höher).* Viele davon sind jedoch vermeidbar! Von 2007 bis 2015 war laut Bertelsmann Stiftung ein Anstieg der Bandscheibenoperationen in Deutschland um 71 Prozent zu verzeichnen. Im Gegensatz dazu blieb die Häufigkeit von Bandscheibenvorfällen in der Gesamtbevölkerung gleich. Tatsächlich sind operative Eingriffe nur bei 1 – 3 Prozent aller nachgewiesenen Bandscheibenvorfälle notwendig.

*„Seine Aussage geht sogar so weit, dass **97 – 99 Prozent** der Bandscheibenvorfälle nicht operationsbedürftig sind".*

Hier seine Meinung, wann ein Bandscheibenvorfall zwingend operiert werden muss:
Typische Notfallsymptome eines Bandscheibenvorfalls sind Lähmungserscheinungen in der betroffenen Extremität. Bei Nachweis eines entsprechenden Bandscheibenvorfalles in der Bildgebung ist eine rasche Operation unumgänglich. Eine Störung der Blasen- oder Mastdarmfunktion im Sinne einer Inkontinenz oder eines Urin- und Stuhlverhaltes muss ebenfalls rasch operativ behandelt werden. *(Anmerkung: Also nach seiner Aussage bei max. 1 – 3 Prozent aller Bandscheibenvorfälle).*

Merken Sie was? Weiter geht's.

---

4. Prof. Dr. med. Uwe Kehler

Chefarzt der Neurochirurgie der Asklepios Klinik in Altona

Video:
„Rückenleiden: Wann wirklich operiert werden muss"   Dauer 12:50 Minuten

Link dazu:
www.youtube.com/watch?v=wPYtFYSCL6Y&lc=Uggho5wqTlqtF3gCoAEC

Auch die Aussagen des Herrn Professor sind sehr bemerkenswert.

Beispielsweise ab Minute 4:55:

„In 90 – 95 Prozent kommt man mit einer **konservativen Behandlung** zurecht."

„Ja, liebe Leser, da haben wir wieder unsere 90 – 95 Prozent kommen ohne Operation aus. Es geht aber noch weiter":

Wann muss nach seiner Meinung ein Bandscheibenvorfall operiert werden?

Ab Minute 5:35: „Bei Lähmungen, bei Blasen-Mast-Darmstörungen, die Inkontinenz, das sind die absoluten Indikationen". *(Anmerkung:* Indikation = Heilanzeige: die Gründe zur Anwendung eines bestimmten Verfahrens).

Noch mal: Merken Sie was?

Ab Minute 11:15 kommt eine Aussage, die müssen Sie sich vor Augen halten! **Und zwar:**
„Ich bekomm viele Patienten die Veränderungen an der Wirbelsäule haben, mit großen Bandscheibenvorfällen, aber da passen die Beschwerden gar nicht dazu und da ist es wichtig, dass man keine Röntgenbildkosmetik macht, sondern dass man auch immer sieht, dass die Veränderungen, die man auf dem Bild sieht zu der klinischen Symptomatik passen".

Anmerkung: Das ist der zweite Antwort, warum so viel operiert wird: Weil viele Ärzte den Patienten richtig untersuchen, sondern nur danach gehen, was MRT-Bilder usw. zeigen. **Es werden Bilder operiert!**

Weiter geht's.

---

5. Professor Dr. med. Bernhard Meyer

Neurochirurg und Klinikdirektor der Neurochirurgischen Klinik der Technischen Universität München am Klinikum rechts der Isar

Webseite: www.br.de

Link dazu:
https://www.br.de/gesundheitstag/rueckenschmerzen/bandscheiben
vorfall-operation-op-bandscheiben-behandlung-therapie-100.html

---

Folgende Aussagen des Herrn Professors sind auf der Webseite BR Gesundheitstag verankert:
„Man muss immer zurückhaltend sein, wenn es darum geht, eine Operationsindikation zu stellen. Insbesondere wenn es um den Rückenschmerz geht, kann man dem **Patienten keine Garantie auf eine Besserung geben.**

Und jetzt kommt die Hammeraussage, wie auch schon bei den anderen Herren: „Es sind diejenigen (*Anmerkung:* Patienten), die schwere Ausfälle, also neurologische Ausfälle haben. Entweder sie haben eine Lähmung, das heißt, sie können das Bein tatsächlich nicht mehr bewegen, oder sie können Blase oder Mastdarm nicht mehr kontrollieren. Das sind die einzigen Fälle, wo man tatsächlich operieren muss. **Alle anderen <u>kann</u> man operieren, aber von „Müssen" ist keine Rede".**

Alle anderen kann man operieren, aber von „<u>Müssen</u>" ist keine Rede.

„Wow - was für ein Satz!"

In diesem Satz steckt die „**dritte Antwort**" aus Sicht der Ärzte, warum so viel operiert wird, wenn Sie zwischen den Zeilen lesen. Und zwar

<u>WEIL SIE ES KÖNNEN!</u>

Ich denke jetzt haben Sie gemerkt was los ist. Warum so viel aus Sicht der Ärzte operiert wird. Aber eine Antwort hab ich noch und die erschüttert mal so richtig.

Das sind jetzt nur mal fünf Beispiele. Ich könnte jetzt noch hundert folgen lassen von Privatärzten, Ärzten in großen Kliniken, Orthopäden, Physiotherapeuten usw. – aber ich denke das reicht. Im Kern sind alle dergleichen Meinung, wann eine Operation stattzufinden hat und das eindeutig zu viele und unnötige Bandscheibenoperationen durchgeführt werden.

Einen Film möchte ich Ihnen noch kurz vorstellen, dass eine Bandscheibenoperation kein „**Allheilmittel**" ist und sehr weitreichende Folgen haben kann. Ich bitte Sie, sich diesen Film unbedingt anzuschauen. Er dauert nur 6:49 Minuten.

Titel des Films:
85% der Rückenoperationen sind überflüssig **Quelle:** YouTube: Dauer 6:49 Minuten
Link dazu: https://www.youtube.com/watch?v=DxGqb7wUtMY

An dieser Stelle mein tiefes Mitgefühl an Herrn Sven Jacobsen. Ich kann seine Odyssee nachempfinden. Losgetreten wurde diese, weil eine Rückenoperation durchgeführt wurde, aufgrund von Rückenschmerzen und ab und an mal ein Kribbeln im linken Bein. Heute sitzt er im Rollstuhl. Beim Dreh dieser Dokumentation war er gerade mal 35 Jahre.

Des Weiteren spricht Herr Professor Volker Tronnier, Neurochirurg, Universitätsklinikum Schleswig-Holstein, Lübeck und wirft die Frage in den Raum, ob dieser damals noch sehr junge Mann überhaupt operiert werden musste.

Auch seines Erachtens wird eindeutig zu viel operiert.

Und Herr Professor Jürgen Piek, Neurochirurg, Universitätsklinikum Rostock hat folgende Meinung.

„Dass viele Patienten, die zu ihnen kommen, **überflüssigerweise** am Rücken operiert wurden. Dieses überflüssigerweise operieren wird von ihm und allen seinen Kollegen aus der Neurochirurgie mit ‚Sorge' betrachtet".

Zur Frage, warum so viel operiert wird und das ist die vierte Antwort: „Weil unser Gesundheitswesen so organisiert ist, das operieren deutlich besser vergütet wird als eine konservative Behandlung. Dadurch wird natürlich automatisch mehr operiert, um einfach Umsatz und Gewinn eines Krankenhauses zu steigern".

Wissen Sie was? Dieses Verhalten ist einfach nur

abartig!

Nicht wahr? Oder spiegelt dieses Verhalten unsere ganze Gesellschaft wider? Denken Sie mal darüber nach.

Noch was ist in dem Film hochinteressant, regt zum Nachdenken an und sollte die Alarmglocken jedes Einzelnen schrillen lassen: Dort spricht Frau Dr. Naomie Cayemitte-Rückner, Schmerztheraupeutin, die eingesetzt wird von der Techniker Krankenkasse, und zwar zur Erstellung einer „zweiten Meinung". **Sie sagt in dem Film klipp und klar:**

„Alle Fälle, die sich bisher bei ihr vorgestellt haben und von ihr behandelt wurden, mussten nicht operiert werden und sind alle schmerzfrei geworden".

„Alle Fälle, die sich bisher bei ihr vorgestellt haben und von ihr behandelt wurden, mussten nicht operiert werden und sind alle schmerzfrei geworden".

Lassen Sie das mal kurz sacken. Auch was Sie an Filmen gesehen, was Sie bisher gelesen haben und denken Sie nun mal an die Zahl „90 Prozent". 90 Prozent aller Bandscheibenvorfälle können konservativ behandelt werden, sprich 90 Prozent aller Bandscheibenoperationen sind unnötig. Krass! Oder? Und jetzt komme ich noch mal auf die

152.785

zurück. So viele Menschen haben sich 2019 an der Bandscheibe operieren lassen.

WOW!!!

Jetzt rechnen Sie bitte davon 90 Prozent aus. Gerundet ergibt das:

137.507

Das heißt:

„Hundert-siebenunddreißigtausend-fünfhundertsieben-Menschen" wurden im Jahr 2019 unnötigerweise einer Bandscheibenoperation unterzogen. Obwohl diese auch konservativ mit einem „guten" Ergebnis hätten behandelt werden können. Und ähnlich viele Menschen wurden jedes Jahr in den letzten 15 Jahren an der Bandscheibe operiert, ca. 2,3 Millionen Menschen. Auf diese 90 Prozent bin ich immer wieder auf Webseiten von Kliniken, Privatpraxen usw. gestoßen. Dort sind sie alle der Meinung, dass ca. 90 Prozent der Bandscheibenoperationen nicht durchgeführt werden müssen. Auch aus den Aussagen der oben stehenden Professoren können Sie die 90 Prozent entnehmen. Herr Prof. Kehler geht sogar von 90 – 95 Prozent aus. Was haben Sie gedacht, als Sie die fett gedruckten Zahlen gelesen haben? 137.507 Menschen. Wahnsinn oder!? Darum möchte ich auf einen sehr wichtigen Artikel unseres Grundgesetzes der Bundesrepublik Deutschland verweisen.

Grundgesetz Artikel 2 Absatz 2

Hier lautet der erste Satz wie folgt:

> **„Jeder hat das Recht auf Leben und körperliche Unversehrtheit."**

„Jeder hat das Recht auf körperliche Unversehrtheit". **Was bedeutet das?**

Für mich: Niemand darf einen anderen Menschen körperlichen Schaden zufügen. Darunter fällt für mich auch, dass niemand an einen anderen Menschen vorsätzlich eine geplante Körperverletzung – Bandscheibenoperation, oder jegliche andere Operation – durchführen darf, mit dem Wissen, dass diese unnötig ist und eine konservative Behandlung den gleichen Erfolg bringen würde, nur um seine finanziellen Bedürfnisse zu stillen.

Hier in unserem schönen Land, weiß so gut wie jeder Politiker und jeder Arzt, dass an den arglosen, vertrauensseligen, rückengeplagten, an der Bandscheibe operierten Menschen, in 90 Prozent der Fälle, eine vorsätzliche Körperverletzung, mit weitreichenden Langzeitfolgen, durch einen anderen Menschen begangen wurde und weiterhin begangen wird. Und wir haben sogar einen Paragrafen in unserem Strafgesetzbuch, der dieses abartige, geldgiere Verhalten bestraft.

§ 223 Strafgesetzbuch: Körperverletzung

Dieser Paragraf legt das Strafmaß für eine vorsätzliche gefährliche Körperverletzung auf sechs Monate bis zu zehn Jahren Freiheitsentzug fest. Und was passiert? „**Nichts!**" Während ich heute diese Zeilen schreibe, liegen schon wieder über 400 vertrauensselige, bandscheibengeplagte Menschen unterm Messer des Neurochirurgen und lassen an sich eine geplante vorsätzliche Körperverletzung durchführen. Und weiß Gott, wie viele Patienten aus den anderen Sparten! Da wird es mir schlecht, wenn ich daran denke!

§ 225 Strafgesetzbuch: Mißhandlung von Schutzbefohlenen

Ich gehe sogar so weit zu sagen, dass wir während der Akutphase der heftigen Schmerzen (Rückenschmerzen, Knieschmerzen, Bauchschmerzen usw.), den Status eines „Schutzbefohlenen" genießen, und gegen diesen ebenfalls bei unnötig ausgeführten Operationen aus wirtschaftlichen Interessen tagtäglich verstoßen wird. Was bedeutet der Begriff „Schutzbefohlener?"

Schutzbefohlene im Sinne des § 225 StGB sind Personen unter 18 Jahren sowie solche Personen, die aufgrund Gebrechlichkeit oder **Krankheit wehrlos sind**. Jeder Rückengeplagte wird mir sicherlich zustimmen, dass man in der Akutphase der Schmerzen „gebrechlich und krank" ist und alles tun würde, um diese Schmerzen loszuwerden. „ALLES TUN WÜRDE UM DIE SCHMERZEN LOSZU-

WERDEN". Und deshalb so wehrlos wie wir sind, in die Obhut und Fürsorge eines Arztes begeben, – in der Hoffnung, – dass er uns auf fürsorgliche Weise hilft. Und was passiert? Die Notlage von den rückschmerzgeplagten Menschen wird über 400 Mal am Tag schamlos ausgenutzt. Ausgenutzt, um den Patienten auf den Operationstisch zu überreden (zu zerren), da **wir** Patienten für viele der Neurochirurgen nichts anderes als den „Goldesel" darstellen bzw. den Umsatz des Tages.

Artikel 2 Absatz 2 des GG bedeutet weiterhin:

> **„Jeder Mensch hat das Recht darauf, dass sein Körper und sein Geist vom Staat nicht verletzt, sondern geschützt wird".**

„Also verdammt noch mal, wo bleibt der Schutz durch unsere Regierung, für uns bandscheiben- und rückenschmerzgeplagte Menschen!"

Jeder weiß es und keiner unserer hoch bezahlten in den Aufsichtsräten sitzenden Politiker macht etwas dagegen. Immer schön auf die drei Affen machen. „Nichts sehen, hören, reden". Obwohl reden tun sie viel, nur sie kommen nicht auf den Punkt bzw. noch schlimmer, sie sind dafür verantwortlich. Seit Einführung des DRG-Systems wird täglich gegen diesen Artikel verstoßen. „Pfui!", das lässt mich vom Glauben abfallen. Was es mit dem DRG-System auf sich hat, werde ich auf Seite 36 erläutern und ich kann Ihnen schon jetzt mitteilen, dass Sie unser Gesundheitssystem mit anderen Augen, – mit „wachen Augen" – betrachten werden, nachdem Sie den Schock verdaut haben.

Zurück zur Bandscheibenoperation. Bitte glauben Sie mir, wenn ich sage, dass eine Bandscheibenoperation kein Zuckerschlecken ist. Das Internet bzw. die Bandscheibenforen sind voll von nicht zufriedenen Patienten nach Rückenoperationen und von missglückten Operationen. Dass sich bereits operierte Rückenpatienten immer wieder unters Messer legen müssen bis hin zur Wirbelsäulenversteifung, da nach kurzer Zeit der Schmerz wieder Einzug hält.

Wissen Sie nach Meinung der Ärzteschaft hört man immer: Wir haben sehr gute Erfahrungen auf dem Gebiet der Wirbelsäulenoperation. Das bestreite ich auch nicht und ich bin wirklich der Letzte der diese Aussage nicht glaubt. „Denn mit so vielen Rückenoperationen, die in Deutschland durchgeführt werden, muss man ja gute Erfahrungen haben, was die Operation an der Wirbelsäule betrifft.

ABER:

Was ist mit den Folgeschäden, Langzeitschäden, Rezidivbandscheibenvorfällen oder den Risiken einer Wirbelsäulenoperation?

Was ist damit?

Davon will niemand was wissen wie z. B. Narbenbildung, Kunstfehler, Wurzelschädigungen, chronische Schmerzen, Tod während der Vollnarkose. Oder wie es meinem Tischnachbar erging, der während meiner Reha in Bad … bei der „Fütterung" schräg gegenüber von mir saß, bei dem die Operation „Verschraubung zweier Wirbel" nicht so „prickelnd" war. Eher „kribbelnd".

Fallbeispiel: Alter 68 Jahre. Von Beruf war er Kraftfahrer und ihm wurden zwei Wirbel versteift bzw. verschraubt. Am letzten Tag kurz vor seiner Entlassung aus dem Krankenhaus wurde er gefragt, ob ein Röntgenbild erstellt wurde, um nachzusehen, ob alles noch so an seinem Platz ist, wie es verschraubt wurde. Das wurde nicht gemacht. Das war Fehler Nr. 1. Kann man noch verzeihen. Wir sind ja alle nur Menschen. Aber jetzt kommt´s: Als die behandelten Ärzte das Bild angesehen hatten, wurde mit erschrecken festgestellt, dass die Verstrebungen nicht richtig angezogen wurden.

„Boom" erste Bombe.

Er wurde am darauffolgenden Tag wieder operiert, um das „kleine Malheur" wieder zu korrigieren. Das wurde diesmal auch ganz fachmännisch durchgeführt in einer mehrstündigen Operation. Ist ja heutzutage kein Problem. Wie sagt die Ärzteschaft, wir haben ja sehr gute Erfahrungen mit Wirbelsäulenoperationen. (Denken Sie bitte zurück an diese Stelle, sobald Sie die Abbildung Nr. 6 und 9 auf Seite 63 und 65 ansehen). Aber: „Wenn es mal schlecht läuft, dann aber richtig": Nach der Operation, als er wieder in seinem Krankenzimmer angekommen und von der Narkose nicht mehr sediert war, hatte er ein starkes Kribbeln im linken kleinen Finger wahrgenommen, – das bis heute anhält.

„Boom" zweite Bombe.

Auslöser: „Falsche Patientenlagerung während der Operation". Während der stundenlangen Operation war sein Ellenbogen mit der empfindlichen Stelle, wo der Ellennerv sitzt, auch bekannt als Musikknochen oder Musikkantenknochen auf einer herausstehenden Schraube am Operationstisch gelegen. (Sicherlich kennen Sie das Gefühl, wenn Sie sich an einer Ecke stoßen und das „Mäuschen", wie man im Volksmund sagt, bis zum kleinen Finger rennt). Der Nerv hat nun so eine Schädigung, dass er nun mit beschriebenem Kribbeln leben muss. Wenn es nicht so unglaublich und so unfassbar traurig wäre, könnte man fast darüber lachen. Aber leider gibt es noch eine

„dritte Bombe".

Die Schmerzen sind seit dieser Operation schlimmer geworden. *(Anmerkung: Karl-Heinz! Es tut mir wirklich aufrichtig leid für Dich).*

An dieser Stelle möchte ich noch ein paar Allgemeine Risiken anführen, die immer Gewehr bei Fuß stehen

und an die wohl kein Arzt mehr denkt, bevor er Hand oder besser gesagt die Nadel oder das Skalpell in Ihren Körper steckt. Oder kein Patient mehr denkt bzw. die Augen verschließt und denkt, es wird mich schon nicht treffen. Aber es trifft Menschen. Glauben Sie mir!

Ich habe mich bewusst nicht für eine Tabelle entschieden, da Tabellen sehr häufig übersprungen oder nur mit einem halben Auge angesehen werden. Ich gehe dabei auch von mir persönlich aus.

Allgemeine Risiken

➤ Ärzte machen Ihnen falsche Hoffnungen.

➤ Sie geraten an einen Arzt, der aus Geldnot oder aus Geldgier handelt.

➤ Sie geraten an einen Arzt, der sein Handwerk nicht versteht, oder am Tag Ihrer Operation Geburtstag hat bzw. den Tag vorher hatte.

➤ Fehlerhafte Platzierung der Nadel, Kanüle usw.

➤ Materialbruch z. B. Beschädigung der Nadel, Kanüle usw. innerhalb des Körpers.

➤ Hautirritationen durch z. B. lokales Taubheitsgefühl.

➤ Allergische Reaktionen auf das örtliche Betäubungsmittel. Wie z. B. Anaphylaktischer Schock, Herz-Kreislauf-Probleme, Rötung oder Bläschenbildung auf der Haut, Atemlähmung.

- ➤ Kopfschmerzen, Übelkeit, Schwindel, Erbrechen, Krämpfe.
- ➤ Oberflächliche und tiefe Wundheilungsstörungen.
- ➤ Bluterguss (Einblutung ins Gewebe durch Gefäßverletzung).
- ➤ Abszessbildung (Eiteransammlung).
- ➤ Fettgewebsnekrose (Absterben von Fettzellen).
- ➤ Gewebeschädigungen bis hin zum kompletten Absterben der betroffenen Extremität.
- ➤ Venenentzündung.
- ➤ Embolie (Verschluss eines Blutgefäßes durch ein Blutgerinnsel die sogenannte Thromboembolie. Sehr bekannt ist die tiefe Beinvenenthrombose oder seit der AstraZeneca-Impfung die Hirnvenenthrombose mit Todesfolge).
- ➤ Nervenreizungen durch eingespritzte Medikamente.
- ➤ Nervenschädigung, insbesondere durch die Platzierung der Nadel oder Kanüle mit möglichen Teillähmungen.
- ➤ Infektion durch Bakterien im Knochen (Wirbel) usw.
- ➤ Infektion mit Entzündung (Immunreaktion des Körpers mit z. B. Überwärmung, Schwellung).
- ➤ Injektion versehentlich in ein Blutgefäß, dadurch volle Dosierung in den Blutkreislauf, mit weitreichenden Folgen.
- ➤ Strukturen des Körpers werden verändert.
- ➤ Schmerzen an der Eingriffsstelle.
- ➤ Verschlechterung der Symptomatik.
- ➤ Narbenbildung bis hin zur Wucherung im Einstichgebiet oder im operierten Gebiet. Beispiel meiner wuchernden Narbe an meinem Unterarm, siehe Abbildung 2.

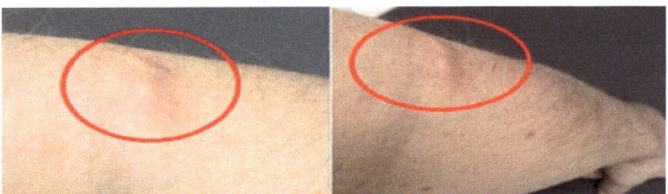

Abb. 2: Mein Unterarm mit Narbenbildung und Wucherung

Aus diesen Folgen können zusätzliche chirurgische Eingriffe oder Behandlungen resultieren.

Erschreckend, nicht wahr? – wenn man all die Risiken sieht, welche auf einen zukommen können. Diese Risiken stehen nicht nur da, um dieses Buch zu füllen, sondern all das passiert jeden Tag bei irgendeinem Patienten. „Tag für Tag". „Immer und immer wieder". Jeden Tag haben Patienten mit diesen „Komplikationen" zu kämpfen! Eine Ärztin möchte ich noch zu diesem Thema zitieren, Frau Dr. Christina Otto-Lambertz, Oberärztin Klinik und Poliklinik für Orthopädie und Unfallchirurgie der Uniklinik Köln die in einem Artikel der FAZ („Fatale Spritzen" von Michael Brendler) folgenden Satz sagt:

> „Egal wie sauber wir als Orthopäden desinfizieren und spritzen – wir können auf der Haut immer nur eine Verminderung der Bakterienzahl erreichen. „Die Gefahr, Erreger mit der Injektion in die Tiefe zu verschleppen, ist deshalb sehr hoch".

Einen Satz noch von mir zu den Spritzen in die Gesäßgegend. Hierbei kommt es durch die Injektion häufig auch zu Schädigungen des Ischiasnervs, – die meist einen ausstrahlenden Schmerz im Bein verursachen, sowie sensible motorische Ausfallerscheinungen zur Folge haben. Es kann erst nach Stunden bis Tagen zu Lähmungen an Fuß- und Zehenstrecker kommen. Es hängt wie so oft vom Schweregrad der Schädigung ab, ob Reiz- oder Ausfallerscheinungen das Krankheitsbild prägen. Deshalb ein Tipp von mir:

Lassen Sie sich über alle Risiken und Nebenwirkungen, die geplante Eingriffe an Ihren Körper mit sich bringen, richtig und schonungslos aufklären. Dafür haben wir

Das Patientenrechtegesetz

Als Patient haben Sie das Recht auf Aufklärung über alle Risiken und Nebenwirkungen, sogar bei einer „einfachen" Spritze oder Impfung (wie z. B. das Risiko einer Thrombose beim AstraZeneca-Wirkstoff). Am 26. Februar 2013 ist dazu das Patientenrechtegesetz (PRG) in Kraft getreten. Grundlage ist hier § 630c (1-4) des Bürgerlichen Gesetzbuchs (BGB): „Mitwirkung der Vertragsparteien".

(1) Behandelnder (Arzt) und Patient sollen zur Durchführung der Behandlung zusammenwirken.

(2) Der Behandelnde ist verpflichtet, dem Patienten in verständlicher Weise zu Beginn der Behandlung und, soweit erforderlich, in deren Verlauf sämtliche für die Behandlung wesentlichen Umstände zu erläutern, insbesondere die Diagnose, die voraussichtliche gesundheitliche Entwicklung, die Therapie und die zu und nach der Therapie zu ergreifenden Maßnahmen.

(3) Weiß der Behandelnde, dass eine vollständige Übernahme der Behandlungskosten durch einen Dritten nicht gesichert ist oder ergeben sich nach den Umständen hierfür hinreichende Anhaltspunkte, muss er den Patienten vor Beginn der Behandlung über die voraussichtlichen Kosten der Behandlung in Textform informieren. Weitergehende Formanforderungen aus anderen Vorschriften bleiben unberührt.

(4) Der Information des Patienten bedarf es nicht, soweit diese ausnahmsweise aufgrund besonderer Umstände entbehrlich ist, insbesondere wenn die Behandlung unaufschiebbar ist oder der Patient auf die Information ausdrücklich verzichtet hat.

Dies bedeutet, dass wir als Patient (=Person, die ärztlich behandelt wird) das Recht haben, alle wesentlichen Umstände der Behandlung wie eine verständliche Erläuterung der Diagnose, der Folgen auch auf lange Sicht hin (Langzeitfolgen), der Risiken und **der möglichen Alternativen zur geplanten Behandlung** bei einem persönlichen Gespräch rechtzeitig vorher nahegelegt bekommen. Bei einer geplanten Operation bedeutet rechtzeitig vorher, dass wir z. B. die Gelegenheit haben, mit Familienangehörigen zu sprechen oder **eine zweite Meinung** einzuholen. Besonders vor operativen Eingriffen muss uns der Arzt über die Art, Umfang, Durchführung, Gefahren, Notwendigkeit, Dringlichkeit und Nutzen verständlich aufklären. Bei der Risikoaufklärung muss deshalb neben dem Hinweis auf das Schwerste in Betracht kommende Risiko außerdem auf alle anderen Risiken hingewiesen werden, auch wenn diese sehr selten vorkommen. **Des Weiteren muss der Arzt auf gleichwertige, konservative Behandlungsmöglichkeiten oder andere Operationstechniken hinweisen.**

Nur so ist es uns möglich, die Erfolgsaussichten mit den Risiken gegenüberzustellen und uns aus freien Willen für eine Behandlungsmaßnahme zu entscheiden. Nur so wird die Wahrung unseres Selbstbestimmungsrechts nicht unterlaufen.

„Bisher wurde mir das nicht so dargelegt". „Ihnen vielleicht?" Was will man schon viel besprechen in „Fünf-Minuten-Anamnesen" zwischen Tür und Angel!?

Die Informationspflicht bezieht sich nicht nur auf die medizinische, sondern in bestimmten Fällen auch auf wirtschaftliche Aspekte der Behandlung. Das heißt, bei Zweifeln über die Erstattung von Behandlungskosten durch die Krankenkasse muss uns der Arzt schriftlich über Kosten informieren. Das gilt vor allem dann, wenn er weiß, dass wir die Kosten selbst tragen müssen. Diese Aufklärung und Einwilligung muss von uns und dem aufklärenden Arzt unter Angabe des Datums und der Uhrzeit unterzeichnet werden. <u>Hierbei gilt auch, dass uns unaufgefordert eine Kopie ausgehändigt werden muss.</u> Ich habe äußerst selten eine Kopie über die Aufklärung und die möglichen Risiken bekommen. „Wohl wissend meine ich". Ich denke, wenn man als Patient mit einem Bandscheibenvorfall die Kopie mit den Risiken der OP vorher bekommen würde, könnten diese einen so ins Zweifeln bringen, dass man sich möglicherweise genauer mit der Diagnose beschäftigen würde. Mit dem Ergebnis, den richtigen Schritt zu tun, nämlich die angestrebte Operation abzusagen. „Keine Operation – kein Umsatz". (Eine Kopie einer Rechnung bekommen Sie vom Arzt selbstverständlich als erstes ausgestellt). ***Keine Operation?*** „WEIT gefehlt!" Jetzt gehts gleich los! Jetzt komme ich gleich zu den „Statistiken des Grauens", dann sehen Sie wie viel in Deutschland operiert wird. Dann sehen Sie die Auswirkungen von dem im Jahr 2003 eingeführten DRG-System (Gesundheitssystem!?) in Deutschland. Aber der Reihe nach.

Ich möchte vorher noch auf einen Vorteil eingehen, der immer wieder auf vielen Webseiten der Krankenhäuser, Kliniken und Privatpraxen angepriesen wird: **„Den Vorteil der schnellen Mobilisation".** Ich spreche da eher von

Blutiger Entlassung!

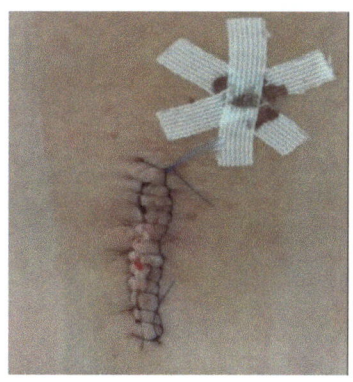

Warum? Weil wir Patienten so schnell wie möglich in den Alltag entlassen werden. Nicht nur mit nässender Wunde, wie ich sie hatte nach meiner letzten Rückenoperation, wie die nebenstehende Abbildung 3 zeigt und die Sie bereits im Fadenkreuz des Covers gesehen haben, sondern auch mit frisch durchbohrten und zerschnittenen Gewebe, Muskeln, Bänder und

Sehnen. Mit abgefrästen Knochen und durchlöcherten Faserring, mit aufgeschnittenen Bäuchen, eingepflanzten Knie- und Hüftprothesen usw. Wir werden in den Alltag entlassen, obwohl wir „grün hinter den Ohren" sind, ohne Rücksicht darauf, dass wir nicht viel darüber wissen, wie wir uns nach einer Operation zu verhalten haben. Außer vielleicht aus irgendeiner blöden Broschüre, die uns am Tag vor der Operation übergeben wird. Dass wir nichts darüber wissen, wie die verletzten Strukturen reagieren, wie z. B. der restliche Gallertkern im offenen Faserring reagiert, – wenn wir uns bücken, falsch heben, unkontrolliert von der Couch oder dem Bett aufstehen. Oder auf alle Alltagstätigkeiten, die wir tun, wenn wir zu Hause sind und auf die Aufnahme in eine Rehabilitationseinrichtung warten, um dort die schonenden Abläufe zu lernen, wie wir uns nach einer Rückenoperation, Knieoperation, Hüftoperation zu verhalten haben. („Möchte man meinen!!!" In Kapitel 3 zeig ich Ihnen, was los ist mit unserem Rehabilitationswesen). 20 Tage sind keine Seltenheit, bis die erste Unterrichtsstunde anfängt. Aber was passiert in der Zwischenzeit? Was passiert mit der operierten Bandscheibe? Was passiert mit dem operierten Knie, mit der operierten Hüfte. Was passiert in unserem Körper? Ich kann Ihnen sagen, was in der Zwischenzeit passiert: Es werden oftmals die Weichen für spätere Operationen gestellt, z. B. aufgrund eines Rezidivbandscheibenvorfalls oder erhöhter Narbenbildung. Oder das sich Blutergüsse um das in der Heilung befindliche Knie bilden, die Prothesen falsch belastet werden, aufgrund von Unwissenheit. Und da soll man noch vom Vorteil der schnellen Mobilisation sprechen? Unglaublich! Dass uns dieser Nachteil auch noch als schmackhafter Vorteil verkauft werden soll, ist ein „SKANDAL", eine Auswirkung des seit 2003 eingeführten DRG-Systems.

Kapitel 2

DRG-System (Diagnosis Related Groups)

Auf Deutsch: Diagnosebezogene Fallgruppen
–> sog. Fallpauschalen „Was ist das?"

Heutzutage ist es leider so, jeder Liegetag des Patienten wird im Krankenhaus als unnötige Ausgabe abgestempelt, weil hierdurch die Kosten in die Höhe getrieben werden. Deutlich sichtbar ist das an meinen Klinikaufenthalten. Nach meiner ersten Operation 2011 wurde ich am Freitag, – also nach sechs Tagen – mit einer Packung „Ibuprofen" entlassen und nach der zweiten Operation im Jahr 2019, die um einiges schwieriger war wurde ich an einem Samstag, – bereits nach vier Tagen entlassen. Unter heftigen Schmerzen mit drei Tabletten „Hydromorphon" in der Hand. (Hydromorphon ist ein sehr starkes Schmerzmittel aus der Gruppe der Opioide). Wobei ich jeweils den letzten Tag nicht mitzählen sollte, da ich schon früh kurz vor zwölf Uhr entlassen wurde.

Auf Wiedersehen, Herr Oberländer. Machen Sie es gut zu Hause. Machen Sie es gut mit Ihrer Wunde im Rücken und den ausgefrästen Wirbelknochen, um den Zugangsweg zum Bandscheibenvorfall zu erleichtern. Kommen Sie bitte nicht wieder, außer Sie wollen sich nochmal operieren lassen.

Die etwas ältere Generation von Ihnen kann sich sicherlich noch daran erinnern, dass vor Einführung des DRG-Systems im Jahr 2003, keine Klinik einen Patienten Freitag, Samstag oder Sonntag entlassen hatte. Da war es wurscht, ob man noch krank war oder nicht. Der Arzt hatte Ihnen erklärt, dass Sie noch Ruhe brauchen. Die Betten mussten ausgelastet sein. Denn schließlich wurde jeder Liegetag bei der Krankenkasse abgerechnet. Ob dies immer maßgeblich zur Heilung beitrug, ist mal dahin gestellt. Aber auf jeden Fall wurde man nicht „halbtot" in den Alltag entlassen. „Wehe, Sie leben allein und haben keinen, der Ihnen hilft". **Da ist Schluss mit Sozialsystem.**

Das System der Fallpauschalen hat unser Gesundheitssystem revolutioniert. Aus einem System, wo die Genesung des Patienten an erste Stelle stand, wurde ein System, das den Patienten nach Gewinn bringend oder Gewinn schmälernd einteilt. Denn jetzt gibt es für jede Operation, für jede Injektion, für jeden „Scheiß" einen medizinischen OPS-Code, die Abkürzung steht für Operationen- und

Prozeduren-Schlüssel und nach dem wird bezahlt. Hierbei spricht man von einer sogenannten Fallpauschale –> einen festgelegten Betrag für jede Tätigkeit, die an uns Patienten ausgeübt ("verübt") wird. **Was hat dies zur Folge?**
Es wird operiert, auf Teufel komm raus, bis der Arzt selbst vorm Burn-out steht. Privatpraxen sind seitdem wie Pilze aus dem Boden geschossen, die sich auf die äußerst lukrativen Operationen, Prozeduren spezialisiert haben – den lohnenswerten Fallpauschalen, – dazu gehören selbstverständlich auch die Rückenoperationen. Das nennt sich „Cherry-Picking" auf Deutsch „Rosinenpicken".
Verstehen Sie nicht? Kein Thema, erklär ich Ihnen gleich anhand einer Bandscheibenoperation und glauben Sie mir: „Sie werden verstehen". Sie werden es kaum glauben, was mit unserem „Krankheitssystem" wirklich los ist. Oder anders ausgedrückt, was planlose Politiker aus unserem schönen Gesundheitssystem gemacht haben, was unsere Väter und Vorväter aufgebaut hatten.
Das Prinzip, wie das DRG-System funktioniert, wusste ich bis jetzt auch nicht. Eigentlich ist es einem ja auch relativ egal, solange man nicht krank ist und die gestressten Zustände im Krankenhaus mitbekommt. Zur Erklärung:
Früher wurde z. B. die mikrochirurgische Bandscheibenoperation selbst vergütet und jeder Liegetag wurde separat abgerechnet. Da kamen schon gerne mal zehn volle Tage und ein halber, bis 13 Uhr inkl. Mittagessen zusammen, bevor Sie mit ihrem Arztbrief in der Hand die Klinik verlassen durften. Ein Segen für die gebeutelten Strukturen unseres Körpers. Der halbe Tag wurde selbstverständlich als ganzer Tag abgerechnet. Wenn Sie trotz eines zehntägigen Aufenthalts noch nicht gesundheitlich auf den Beinen waren, dann wurden halt noch ein paar Tage angehängt. Ohne mit der Wimper zu zucken. Da hatten die Chefärzte, Oberärzte, Ärzte noch das Sagen, wann die Patienten entlassen wurden und welche Behandlung wirklich nötig war. Bei der Liegedauer des Patienten wurde von Fall zu Fall entschieden, d. h. bis wirklich sichergestellt war, dass der Patient sich zu Hause auch weitestgehend selbstständig versorgen konnte. Durch die Vergütung der Liegetage, hatte die Klinikleitung immer ein „Ass" im Ärmel, falls das gesteckte Umsatzziel noch nicht erreicht wurde, – dann war halt nix mit Entlassung am Freitag. Da hieß es ausruhen am Wochenende. Ist vielleicht nicht die feine englische Art gewesen, aber da brauchte man sich als Patient zumindest keine Gedanken zu machen, ob es richtig ist,

sich vom Arzt untersuchen zu lassen und keinen Gedanken daran zu verschwenden, ob die Diagnose, die der Arzt stellt, auch der Wahrheit entsprach.

Er konnte sich einfach genügend Zeit nehmen, um uns Patienten ordentlich zu untersuchen ohne den wirtschaftlichen Druck zu spüren. Da wurde während der Visite noch gelacht und nicht mit einem gehetzten Eindruck, ständig auf die Uhr gesehen und zusammengezuckt, wenn man als Patient eine Frage, oder eine Frage zu viel über seinen Gesundheitsstand beantwortet haben wollte. Hier konnte der Arzt noch Arzt sein und seinen „Hippokratischen Eid", das „Genfer Gelöbnis" erfüllen und dem Patienten stets ehrlich in die Augen schauen. Hier wurde die Ursache gesucht und nicht die Symptome operiert, oder noch besser „Bilder" operiert. Auch das Pflegepersonal war in ausreichender Zahl vorhanden, damit es die Arbeit rund um die Pflege des Patienten richtig, gewissenhaft und frei von wirtschaftlichem Druck erfüllen konnte. Dies merkte man auch als Patient. Die Mitarbeiter erledigten gerne ihre äußerst wichtige Arbeit und mussten nicht im Akkord die Betten abziehen, Tabletten ausgeben, Stomabeutel und Urinflaschen wechseln, Patienten im Eiltempo waschen usw. Sie hatten immer ein offenes Ohr und ein Lächeln für die Patienten. Auch die „Zivis" (Zivildienstleistenden) waren immer gutgelaunt! *Kurz gesagt:* Es wurde alles daran gesetzt, die Ursache für die Beschwerden zu finden und dadurch Sie, mich, uns Alle auf die richtige und mitfühlende Art gesundzumachen. Zur damaligen Zeit wäre ich mit der leicht blutenden Wunde, wie auf dem Cover zu sehen ist, niemals entlassen worden. Allein schon aus Fürsorge, dass eine Wundinfektion auftreten könnte. Wir wurden nicht halbtot entlassen, sondern gesund, damit wir weiterhin unseren Lebensunterhalt verdienen konnten, ohne Existenzängste zu haben und somit dauerhaft eine wertvolle Stütze der Gesellschaft zu sein. Aber das sollte sich ändern.

Herzlichen Dank an Herrn Seehofer und seine Mittäter

Weil die Auslastung der Bettenkapazität bzw. die Abrechnung der Liegetage zur Umsatzsteigerung oder einfach zum Überleben einiger Kliniken dem damaligen Gesundheitsminister Horst Seehofer (CSU) in den 90er-Jahren ein Dorn im Auge war, hatte er unter dem Deckmantel **„Kostenexplosion bei stationären Krankenhausaufenthalten"** ohne Rücksicht auf Verluste den Weg geebnet zur Einführung eines angeblich „leicht" überblickbaren Abrechnungssystem, – dem **DRG-System**. Herr Seehofer war vom 06. Mai 1992 bis 27. Oktober 1998 Gesundheitsminister.

Auf den Zug des „DRG-Systems" aufgesprungen, als „Blinde Lokführerin", um diesen mit Volldampf dem Ziel näherzubringen, war Andrea Fischer (Grüne), Gesundheitsministerin für die Zeit vom 27. Oktober 1998 bis 12. Januar 2001.

Dann kam Ulla Schmidt (SPD), Gesundheitsministerin vom 12. Januar 2001 bis 27. Oktober 2009, um das Kraut fett zu machen. Sie war die Dritte im Bunde und eine Vertreterin der kleinen Leute, – „möchte man meinen". Sie peitschte den Zug ohne Sinn, Verstand und Skrupel mit der Ladung „DRG-System" nicht nur 2003 ins Ziel, – sondern darüber hinaus. Sodass dieser Zug auch weiterhin ungebremst, unaufhaltsam und vor allem unkontrolliert wie eine immer größer werdende Lawine ein Opfer nach dem anderen verschluckt, ohne dass die immer lauter werdenden Hilfeschreie der Menschen gehört werden.

Auch die nachfolgenden Lokführer, die Gesundheitsminister Phillip Rösler (FDP), Daniel Bahr (FDP) und Hermann Gröhe (CDU) hielten es nicht für ihre Pflicht, nur einmal aufzuhorchen und in den Rückspiegel zu schauen, um zu erkennen, damit es an der Zeit war, die Notbremse zu ziehen. Wie heißt es immer so schön: „Nach mir die Sintflut" oder nach mir der Nächste, der sich um das Problem kümmern kann. Der Nächste war seit 14. März 2018 nun Herr Jens Spahn (CDU), gelernter Bankkaufmann und ehemaliger Pharma-Lobbyist. Ein Lokführer der maßlos überfordert war durch die Corona-Problematik. Dieser Mensch hat das hinter sich hergezogene Übel, den weiterhin außer Kontrolle geratenen Zug nicht mal mehr wahrgenommen oder wollte ihn nicht wahrnehmen. Eins ist auf jeden Fall sicher, früher oder später wird dieser Zug ein jähes Ende haben. Mit einem Crash an die Wand, sobald unser Gesundheitssystem vollends kollabiert ist. Dies ist nun die Pflicht von Herrn Karl Lauterbach (SPD), den Zug zu stoppen. „Glück auf!"

DRG-System: „Das System, das uns krank macht"

Es ist so unglaublich, wenn man sich dieses System genauer ansieht. Welche katastrophalen Auswirkungen dieses System mit sich bringt. Die vielen

- ➢ Todesfälle (durch die Narkosen),
- ➢ kaputt operierte Menschen,
- ➢ unnötig operierte Menschen,

- Menschen am Existenzminimum (Erwerbsgemindert durch die Operationen)
- Selbstmorde aufgrund von Schmerzen, aufgrund einer Depression und

die unglaubliche, schier grenzenlos wachsende finanzielle Belastung für unser hart erarbeitetes Gesundheitssystem. Und wissen Sie was? **Keinen interessiert es!** Zumindest keinen, der den Zug stoppen könnte. Die Vertreter, die von uns, dem Volk gewählt wurden.

An dieser Stelle ein „herzliches Dankeschön" von mir an alle Gesundheitsminister/innen, die an der Einführung des „DRG-Systems" dabei waren, um damit ein Konkurrenzdenken unter den Krankenhäusern zu erzeugen. Selbstverständlich auch an die Herren Gesundheitsminister, die nur tatenlos zugesehen haben, wie sich durch dieses System empathische aufopferungsvolle Ärzte – in operationswütige Akkordarbeiter, – in Monster ohne jegliches Mitgefühl verwandelt haben. **Sie alle sind dafür verantwortlich. Pfui, schämt Euch!!!**

Wie das möglich ist?
Was das „DRG-System" damit zu tun hat?

Im Jahr 2003 war die DRG-Abrechnung für die Krankenhäuser noch freiwillig. Seit 2004 wurde nun dieses System für alle Krankenhäuser scharfgeschalten. Seit diesem Zeitpunkt gibt es nun für jede Prozedur (Injektion usw.), für jede Operation, wie für unser Beispiel die Bandscheibenoperation, einen Pauschalbetrag – die „Fallpauschale". Das heißt für jeden Eingriff am Körper, für jede diagnostizierbare Krankheit gibt es eine feste Vergütung. Je höher der Aufwand, desto mehr Geld. Je mehr Prozeduren/Operationen, desto mehr Vergütung. Diese fixen Preise sind im sog. „OPS-Katalog" aufgeführt. Für die Bandscheibenoperation lautet der medizinische OPS-Schlüssel: „5-831 Exzision von erkrankten Bandscheibengewebe". Dieser Eingriff wird mit einem Pauschalbetrag von knapp 4.200,- Euro vergütet (so viel hat meine mikrochirurgische Bandscheibenoperation gekostet). In diesem Betrag steckt alles drin. Von der Operation mit allen dafür benötigten Materialien, bis hin zur Pflege des Patienten nach der Operation, inklusive einer vereinbarten Mindestzeit an Liegetagen. <u>Und hier steckt die Wurzel des Übels</u>: Wer jetzt mit möglichst geringen Kosten den Patienten schnell abfertigt, – macht zusätzlichen Gewinn. Wer sich auf die

Patienten einlässt, – macht Verluste. Jeder Tag, der die bezahlten Mindestliegetage überschreitet, geht zulasten des Krankenhauses und erhöht somit die Betriebsausgaben, was wiederum zu einer Gewinnschmälerung führt und zwangsläufig zu Einsparungen. Heute sind also alle Kliniken dem ökonomischen Prinzip, dem Wirtschaftlichkeitsprinzip, unterworfen. Wenn jetzt die „Rote Lampe" auf der „Umsatzampel" angeht, dass das Umsatzziel nicht erreicht wird, dann hat der Arzt nicht die Chance dem Defizit durch bezahlte „Liegetage" entgegenzuwirken. Vielen Dank Herr Seehofer! Frage der Klinikleitung: Was kann man tun, um die gesteckten Umsatzziele zu erreichen und von den roten Zahlen runterzukommen? Hier müssen und mussten nun andere Lösungen her. Es kam:

Der Controller:
„Der Sanierer, der Finanzhai der Krankenhäuser"

Der „Herr über die Zahlen" ins Spiel. Die Männer ohne Skrupel. Die Mächtigsten im „Unternehmen", äh den „Kliniken", auch über die Köpfe der Chefärzte hinweg. Männer die aufräumen, die jeden Cent rauspressen, wo es nur geht. Die erste Konsequenz, die sie anordneten: war der **Rausschmiss von Pflegepersonal.** Es wurde an der Personalschraube gedreht. Solange bis die ersten „Menschen" das Japsen anfingen. Und als die Ersten das „Japsen" anfingen, wurde noch mal nachgezogen, denn es wurde ja kein „Keuchen" gehört. So läuft es in jedem wirtschaftlich in Konkurrenz stehenden Unternehmen ab. Erst wenn „aus dem letzten Loch" gepfiffen wird, ist vorerst Ruhe. Falls nun einer des „niederen Volks" kurz- oder langfristig ausfällt aufgrund eines Burn-outs ist das nicht der Rede wert, – was soll's, – gibt ja genügend Zeitarbeitsfirmen, die karren schon ein paar Reinigungskräfte ran, die zwischendurch die Urinflaschen leeren, Wasser bringen usw. Oder die Personalstärke der Nachtschicht wird von zwei auf eins runtergefahren, sodass die Fürsorge von 20 hilfsbedürftigen Menschen einer Person obliegt. Wehe, die Schwester hat selbst gesundheitliche Beschwerden während ihrer Dienstzeit – Kopf angestoßen und dadurch in Ohnmacht gefallen, Schlaganfall usw. – oder zwei Patienten haben zur selben Zeit einen Herzinfarkt. „Da schaudert es mich!" Bloß nicht krank werden!
Falls die Unterbesetzung des Personals nun immer noch nicht ausgereicht hatte, um die Kosten einzudämmen, dann wurde halt Plan B und Plan C aus der Schublade geholt und weil es so schön ist,

gleich noch Plan D, um auf jeden Fall den Erhalt der Klinik zu sichern. Welche Pläne könnten das sein? An welchen Schrauben könnten die Controller noch gedreht haben? Die Finanzcontroller, die Männer ohne Skrupel, die Herren über die Zahlen und die sich im DRG-System auskennen, hatten folgende Lösungen gefunden.

Kopfgeld für operierte Patienten!

Plan B:
Es muss operiert werden, auf Teufel komm raus. Operieren, bis die „Schwarte" kracht, bis der Schweiß den Ärzten den „Arsch" runterläuft. Nur so kommt wirklich Geld ins Unternehmen. Welche Klinik kann schon überleben, bei 30 Euro Fallpauschale im Quartal für körperliche Untersuchungen und Beratung des Patienten zu einer konservativen Therapie. Oder von 1,50 Euro für das Ausstellen eines Rezepts für eine konservative Behandlung.
„Nein. Nein. Nein". Kein Anraten mehr zur konservativen Therapie. So geht es nicht weiter, dachten sich die Finanzjongleure. Wie heißt es so schön: „Vom Eier schaukeln ist noch keiner reich geworden". Die Finger müssen wackeln, bis sie glühen. Acht Bandscheibenoperationen an einem Tag müssen her, – natürlich vom selben Arzt ausgeführt. Zehn Knieoperationen; Hüftoperationen usw. Das sind einige der besagten „Rosinen", die sehr gut bezahlt sind nach der „Fallpauschale". Erinnern Sie sich an die 90 Prozent unnötiger Bandscheibenoperationen. Durch diese 90 Prozent, kann schon mal das Überleben eines Krankenhauses gesichert werden.
Hier kommt die Frage auf, wie konnten die Controller – den <u>Plan B,</u> – diesen so moralisch verwerflichen Vorschlag bei den Chefärzten, den Oberärzten, den Ärzten usw. durchsetzen? Bei Menschen, deren einziger Wunsch es ist, Menschen/Patienten zu helfen. Leid und Schmerz zu lindern und dafür sogar einen „Eid", ein „Gelöbnis" abgelegt haben. Wie konnte der <u>Plan B</u> umgesetzt werden?
Ganz einfach! Was in jedem zur Wirtschaftlichkeit verdammten Unternehmen auch funktioniert. Bei einem Vier-Augen-Gespräch: <u>„Angst machen!"</u> und an die <u>„Verantwortung der Führungskräfte, –</u> <u>der Chefärzte"</u> gegenüber ihren Mitarbeitern und deren Familien zu appellieren. Hier wurde dann mit Entlassungen von Ärzten gedroht. (Das Pflegepersonal ist ja bereits dezimiert). Es wurde bis hin zum kompletten Untergang der Klinik georakelt, wenn nicht Geld durch Operationen reinkommt. Man sprach von Operationen, die medizinisch vertretbar seien, obwohl durchaus eine konsequent durchge-

führte konservative Therapie zum gleichen Ergebnis führen könnte. Um den vielleicht einen oder anderen Aufschrei gegen den moralisch verwerflichen Vorschlag sofort im Keim zu ersticken und die moralischen Zweifel aus dem Weg zu räumen, ging man an die Gier im Menschen. Es wurde ein Prämiensystem für jeden operierten Menschen eingeführt. Gestaffelt nach Höhe der Fallpauschale und Anzahl Operationen. Man könnte auch von einem „Kopfgeld" sprechen, siehe Abbildungen 4 und 5. (Nachzulesen unter https://www.bz-berlin.de/berlin/operations-praemien-fuer-berliner-aerzte Artikel geschrieben von Herrn Lars Petersen 30.11.2014 akt. 16.06.2017)

ZIELVEREINBARUNG

zwischen

vertreten durch die

Geschäftsführung, nachfolgend "Gesellschaft",

und

nachfolgend

Präambel

Gesellschaft und sind sich einig, dass im Rahmen des bestehenden Arbeitsverhältnisses eine Zielvereinbarung getroffen werden soll. soll hierdurch zu außergewöhnlichen Leistungen für die Gesellschaft angespornt werden, welche die Gesellschaft nach den nachstehenden Vereinbarungen honorieren will. Die Zielvereinbarungen sind spätestens zum 15.02. des Jahres, in dem diese gelten, abzuschließen. Die Gesamtsumme der Zielvereinbarungen orientiert sich, wenn möglich, an der Gesamtsumme der vorangegangenen Zielvereinbarungen. Die Ziele können sich hierbei unterscheiden.

§ 1
Zielfestlegung

1. Durch das Erreichen der für das Jahr 2013 und 2014/den Zeitraum vom 01.10.2013 bis 31.12.2014 vereinbarten Ziele verdient eine Prämie (brutto).

2. Folgende Ziele werden vereinbart:

   Prämie für die Ausweitung stationärer Leistungen
   a abgerechneter OPS 8-550., -80 €, nicht gedeckelt realistisch   20.000,00 €

3. Kann über die zu erreichenden Ziele oder die Bemessung der Prämie keine Einigung erreicht werden, erfolgt insoweit die Festlegung durch die Gesellschaft nach billigem Ermessen.

4. hat keinen Anspruch auf die Festlegung bestimmter Ziele oder eine bestimmte Bemessung.

Abb. 4: Kopfgeld 1: Zielvereinbarung Anzahl Operationen.

Für das Erreichen der Casemix-Punkte (CMP) seiner Abteilung, die für das Jahr 2012 mit xx hochgerechnet werden, erhält der Chefarzt einen variablen, nicht zusatzversorgungspflichtigen Bonus in Höhe von xx € fuür das Erreichen von xx CMP im Jahr 2012.

Fuür je weitere erzielte 100 CMP im Jahr 2012, die über dem fuür das Jahr 2012 geplanten Wert von xx CMP liegen, erhält der Chefarzt darüber hinaus einen Bonus von € 10.000 je 100 CMP, entsprechend €1.000 je 10 CMP und €100 je 1 CMP. Die Höhe des Bonus ist nicht begrenzt (siehe nachfolgende Übersicht).[1]

$$2.500 = € 40.000$$
$$2.600 = € 50.000$$
$$2.700 = € 60.000$$
$$2.800 = € 70.000$$
$$2.900 = € 80.000$$
$$3.000 = € 90.000$$
usw.

Bonus in EUR	Bezugsgröße
0,- EUR	25.000 TEUR
15.000,- EUR	45.000 TEUR
20.000,- EUR	55.000 TEUR

Die Boni zwischen den angegebenen Beträgen errechnen sich prozentual.

Abb. 5: In Euro ausgedrückt.

Falls sich doch Ärzte querstellten, wurden sie eben gemobbt, bis sie freiwillig gingen und so ist es auch heute noch. Quertreiber eliminieren und ersetzen. Einer findet sich immer, der die Arbeit des anderen macht, ohne Fragen zu stellen. Alle moralischen Bedenken weichen sowieso irgendwann der Selbstverständlichkeit – der Normalität. Wie heißt es so schön: Beim ersten Mal schmerzt es noch, eine unnötige Operation anzuordnen, beim zweiten Mal nicht mehr so sehr und dann ist es halt so. Und irgendwann werden eben auch Patienten, bei denen schon von vorneherein ersichtlich ist, dass auch eine Operation keine Besserung bringen wird, operiert. Oder Patienten, für die eine konservative Therapie völlig ausreichend wäre zu einer Operation überredet. (Ärzte können sehr überzeugend sein). Und irgendwann tun es halt alle so, d. h. wenn die das können, können wir das auch, oder erst recht. Und obendrein ist immer für Nachschub gesorgt, damit die Assistenzärzte ihre theoretischen Wissenslücken gezielt durch den praktischen Teil schließen können.

Um die Erträge zu steigern und das finanzielle Polster nach oben zu schrauben, wendeten die Controller noch zwei Strategien, zwei Pläne an.

Plan C: Raus mit den operierten Patienten – so schnell wie möglich.

Jeder Tag, den die Patienten früher nach Hause geschickt werden, aber noch durch die vereinbarte Summe für die Liegedauer des Patienten nach der Operation in der Fallpauschale steckt und bezahlt wird, ohne Gegenleistung erbringen zu müssen, bringt bares Geld. Klasse Geldgeschenk, nicht wahr? Wer freut sich nicht fürs Nichtstun Geld zu bekommen. Bei einem Kostensatz von ca. 300,- – 350,- Euro pro Tag (berechnet auf Basis meiner Schmerztherapie) kommt schnell ein hübsches Sümmchen zusammen, um noch mehr Ärzte einzustellen, die noch mehr operieren. –> Denn umso mehr operiert wird, desto mehr Umsatz, desto mehr Gewinn. Also raus mit den Patienten. Die sollen hier nicht faul auf ihrer Haut liegen, die Betten belegen und sich bedienen lassen. Dafür werden wir nicht bezahlt. Also, raus mit denen. Sollen sich die Hausärzte mit denen herumärgern. Die sollen die nässenden Wunden versorgen, die Nachsorge erledigen. Dafür kriegen sie ja schließlich 30 Euro Kostenpauschale im Quartal. Das hat was mit Abschieben zu tun. Abschieben ins Ungewisse. Nach mir die Sintflut. Der nächste Patient bitte!

Dann kommt Plan D ins Spiel:

Bloß keine Pflegekraft einstellen. Das würde den Gewinn schmälern. Die noch vorhandenen Pflegekräfte können die „schleichende Mehrarbeit" aufgrund höheren Operationsaufkommens mitmachen. Merken die eh nicht und wenn sie es merken, wird an den Zusammenhalt der Belegschaft in schweren, arbeitsreichen Zeiten appelliert. Damit wird eher an den Zusammenhalt der Pflegedienstmitarbeiter untereinander appelliert. Denn Kollegen denken im Normalfall aneinander, unterstützen sich gegenseitig, da sie ja alle in einem Boot sitzen und das Rädchen (die Versorgung der Patienten) trotzdem irgendwie rumgehen muss –> bis hin zum „Burn-out". Könnte das nicht ein Grund sein, warum in Deutschland „Burn-out", das ausgebrannt sein eines Menschen in unserer Gesellschaft sooft vorkommt bzw. so zahlreich diagnostiziert wird? „Aber sicher doch!"

(Diese scheiß Gier nach dem Gelde. Die Gier nach dem Luxus, den wir unbedingt haben müssen, wie es uns die Werbung vorgaukelt, haben zu müssen, um „Glücklich" zu sein, saugt nicht nur uns die Kraft aus, sondern auch unsere wunderschöne Erde. Wir machen uns und unsere Erde kaputt und sind noch nicht mal glücklich

dadurch. Wenn es so wäre, dass wir dadurch glücklich und zufrie-
den wären, dann würde ich es verstehen. Aber wir sind es nicht!
Sorry, das musste ich noch schnell einfügen).

Vielleicht fragt sich jemand, warum sich die Kollegen nicht zusammen tun bzw. zusammengetan haben, um den Rausschmiss von
Arbeitskollegen zu verhindern. Das haben sie bestimmt, oder es
wird bestimmt auch getan, aber für solche Fälle hat der Controller
immer ein „Ass" im Ärmel. Nennt sich „Outsorcing". Die Definition
dafür lautet: Auslagerung von bisher in einem Unternehmen/Klinik
selbst erbrachten Leistungen an externe Auftragnehmer oder
Dienstleister. Tiefer kann ein Controller nicht sinken. Oder? Es geht
noch ein bisschen tiefer. Es kann auch eine Abteilung, z. B. der
Bereich Pflegedienst ausgegliedert werden und als rechtlich selbst-
ständiges Unternehmen in die Klinik integriert werden. Das ist eine
feine Sache. Da können die unbequemen Mitarbeiter ohne Abfindung entlassen werden, neue Verträge ausgehandelt und Pflege-
dienstpersonal eingestellt werden, – das nicht „aufmuckt" – und
alles geht weiter seinen geregelten Gang. **Wahnsinn oder!?**

Als hätten die Krankenhäuser, die öffentlichen (durch Länder usw.
finanziert) und die freigemeinnützigen (z. B. kirchlichen) Träger-
schaften nach Einführung des DRG-Systems nicht schon genug
Konkurrenzdruck untereinander gehabt, sind wie bereits erwähnt
nach einigen Jahren Privatpraxen und auch Privatkliniken wie Pilze
aus dem Boden geschossen, die sich auf die lukrativen Prozeduren
und Operationen gestürzt haben, wie die „Schmeißfliegen" auf die
dampfende Scheiße. Was dem Konkurrenzdruck noch eine schär-
fere Note verlieh und ein „Krankenhaussterben" mit sich brachte.
Hatten im Jahr 2003 noch 2.197 Krankenhäuser ihre Pforten geöffnet, so sind es im Jahr 2019 nur noch 1.914. Das sind 283 Einrichtungen weniger. „Wow, sag ich da nur!" Und das geht munter weiter
so. Warum das Krankenhaussterben fragen Sie sich? *Die Antwort*
lautet: Weil die sehr gut bezahlten und oft auch unnötigen Operationen nun auch noch durch die Privatpraxen und Privatkliniken zu
großen Teilen an sich gerissen wurden, konnten diese nun nicht
mehr die kostenfressenden Langzeitaufenthalte von z. B. Unfallpa-
tienten (ohne OP), die wirtschaftlich gesehen am wenigsten ein-
bringen, ausgleichen. Und somit wurden Monat für Monat „Rote
Zahlen" geschrieben. Was sehr auffällig an der Statistik ist, dass
zum größten Teil die kirchlichen bzw. freigemeinnützigen Kranken-

häuser den „Geist" aufgegeben haben aus finanzieller Not. „Hmm" oder vielleicht haben diese Kliniken ihre Pforten geschlossen, weil die Führungsetage ihre moralischen, christlichen Grundwerte nicht verlieren wollten, durch das Aufspringen auf den Zug des Operationswahnsinns aus Gründen der Konkurrenzfähigkeit. Vielleicht haben diese Menschen schon früh gesehen, dass es nicht dabei bleiben wird. Das immer wieder neue unmoralische Vorschläge gemacht und durchgesetzt werden müssen. Da fällt mir spontan das Thema der Lebensverlängerung durch Beatmung von z. B. „Hirntoten" Menschen ein oder von älteren Menschen die des Lebens müde sind, mit der Begründung, dass jeder Mensch ein Recht auf Leben hat. Hierbei wird der „Hippokratische Eid" gerne angewandt, – denn ein Tag Beatmung bringt einem Krankenhaus bei Schwerkranken aktuell 25.495 Euro, vier Tage schlagen mit 58.215 Euro zu Buche. (Lt. eines Berichts im Stern: verfasst von Herrn Bernhard Albrecht am 15.09.2019). Diesem Treiben bzw. solange am Leben halten, bis auch wirklich jeder Cent aus uns und unserer Krankenversicherung rausgepresst wurde, können wir nur entkommen, wenn wir eine „Patientenverfügung" ausfüllen. Machen Sie das bitte. Füllen Sie eine Patientenverfügung aus. Lieber heute, als morgen. Darauf werde ich speziell noch mal auf meinem YouTube-Kanal zu sprechen kommen.

Bei diesen Summen wird sicherlich der „eine oder andere" schwach und pumpt Luft in unsere Lungen, obwohl die Prognose bei „Null" liegt, dass wir nochmals ins Leben zurückkehren. Da wird über Wundgeschwüre (Dekubitus) hinweggesehen, die bis auf den Knochen reichen, nur um noch ein paar Euros mitzunehmen. Sie sollten sich mal einige Bilder im Internet ansehen. Ich glaube, da sind Rückenschmerzen der Stufe 10 ein Witz gegenüber den Schmerzen eines „Dekubitus". Da schreit man vor Schmerz. Oh, ich vergaß, viele der Patienten mit Wundgeschwüren können ja gar nicht mehr Schreien vor Schmerz, weil Sie einen Beatmungsschlauch in ihrer Luftröhre stecken haben. Was mit uns Patienten gemacht wird, macht mich einfach nur noch wütend, traurig und fassungslos. Oder habe ich einen falschen Blick auf das Geschehen, durch meine eigene 22-jährige Patientenkarriere?

Eine sehr wichtige Frage meinerseits an unsere führenden Politiker

An dieser Stelle möchte ich nochmals an den 2. Artikel (2) des Grundgesetzes erinnern: „Jeder hat das Recht auf körperliche Unversehrtheit". Und dazu möchte ich folgende sehr wichtige Frage an die führenden Politiker in unserem Lande stellen.

> **Wie können Sie und Ihre Kollegen heute und nunmehr schon seit 18 Jahren dabei zuschauen, dass an uns Menschen – den Bürgerinnen und Bürgern Deutschlands, – Tag für Tag Körperverletzungen durch unnötige Operationen begangen werden? Dass Operationen durchgeführt werden an uns Menschen, aus Gier, aus finanziellen Gründen, die ethisch und moralisch nicht zu vertreten sind und ganz klar gegen Artikel 2 (2) unseres Grundgesetzes verstoßen. Wie können Sie dabei zuschauen und mit ruhigen Gewissen schlafen???**

Ich möchte hierzu noch mal an Herrn Sven Jacobsen aus dem Film „85 % der Rückenoperationen sind überflüssig" erinnern. Er ist nur einer von vielen, vielen Menschen, die durch unser auf Umsatz getrimmtes Gesundheitssystem kaputt operiert wurden. Vom Zug des DRG-Systems überrollt und von einer Lawine des Schweigens verschluckt und zu einer „finanziellen Last" für unser System wurde, – wie ich und 1.775.100 Menschen, die eine frühzeitige Erwerbsminderungsrente beziehen.

Eigentlich wollte ich mich eben für den Ausdruck „finanzielle Last" entschuldigen, aber ich glaube nicht, dass sich einer daran stören wird, denn es denkt sowieso fast jeder so in der heutigen Zeit. Da kommen mir gerade ein paar Bezeichnungen in den Sinn, unter der ich hinter vorgehaltener Hand schon das eine oder andere Mal bezeichnet wurde und die ich hätte schreiben können: „Sozialschmarotzer", „faule Sau", „Drückeberger" oder „Simulant". Nee, dann schreibe ich doch lieber, kaputt operierter Patient, der der Allgemeinheit zur „finanziellen Last" wurde.

Wie kann es die Politik zulassen, dass geldgierige Ärzte oder Ärzte, die durch skrupellose Controller unter Druck gesetzt werden, Patienten kaputt operieren und in die Erwerbsminderungsrente treiben? Oder sollte ich vielleicht anders fragen: Wie kann es die Politik zulassen, in einem Land wie unserem, mit kapitalistischen Grundsätzen, dass das höchste Gut der Unternehmen, die zur Verfügung stehenden menschlichen Leistungspotenziale, auf neudeutsch „Human Resources", durch unnötige Operationen kaputt operiert werden und dadurch dem Arbeitsmarkt nicht mehr zur Verfügung stehen und obendrein noch von der Allgemeinheit durchgefüttert werden müssen. Wie lange kann das noch gut gehen?

Grundgesetz Artikel 1 Absatz 1

Kennen Sie diesen Artikel unseres Grundgesetzes? Dieser lautet:

> **„Die Würde des Menschen ist unantastbar. Sie zu achten und zu schützen ist Verpflichtung aller staatlichen Gewalt".**

Ich sage, auch gegen diesen Artikel wird von allen Seiten verstoßen. Von Ärzten, Politikern und aller staatlicher Gewalt. Glaubt wirklich einer daran, dass Menschen, die vielleicht unter Demenz gelitten haben und dadurch keine Patientenverfügung ausgefüllt haben, gerne mit einem Schlauch im Hals künstlich ernährt werden möchten und nebenbei noch die Schmerzen ihrer Handteller große Wunden ertragen müssen? Glaubt wirklich einer daran, dass diese Menschen gerne unter Wunden leiden möchten die einem Sonnenbrand der Stufe 3 einer schweren Verbrennung ähneln, – dass bei diesen Menschen nicht gegen ihre Würde verstoßen wird, obwohl aus ärztlicher Sicht oft schon die Hoffnung aufgegeben wurde? **Macht die Augen auf!**

Gut, ich habe durch die jahrelange Auseinandersetzung mit meinem Körper eine andere Sichtweise auf das Leben bekommen. Auf das Leben mit Schmerzen und den Tod bekommen. So klingt es vielleicht etwas hart, aber kommen Sie mir bitte nicht mit ärztlicher Pflicht „Leben zu erhalten". Mit diesem abgedroschenen Hut kann man vielleicht noch den einen oder anderen aus der Generation „Schwarzwaldklinik", die in den 80ern, 90ern hoch im Kurs stand, überzeugen. Kennen Sie nicht?

In dieser Fernsehserie war Chefarzt Dr. Brinkmann alias Klaus Jürgen Wussow, der Leiter der Schwarzwaldklinik, die wöchentlich im TV lief. Hier war die Klinikwelt noch in Ordnung. Vertrauensvolle Ärzte, die nicht wie Schatten durch die Gänge huschten, um bloß keinen Patienten zu sehen. Freundliche Schwestern und Pfleger, die in ausreichender Zahl zur Verfügung standen, die immer ein offenes Ohr für die Belange der Patienten hatten und die vielleicht die Wörter „Fließband- und Akkordarbeit" höchstens mal im Zusammenhang mit der Autoindustrie gehört hatten. Und selbstverständlich glückliche Patienten, rundum versorgt, immer zu einem Späßchen aufgelegt, um die triste Stimmung im Krankenzimmer aufzulockern und der Genesung beizutragen. Da gab es keine „Blutige Entlassung", sondern hier wurde um jeden Patienten getrauert, der nach seiner Heilung das Krankenhaus verlassen musste.

Dieser Generation kann man das vielleicht noch weiß machen, – „Ärzte und Leben erhalten", – aber doch nicht der Generation, – „Hol den letzten Cent aus allem raus, wo es nur geht, – auch wenn man dafür über Leichen gehen muss". Ich frage Sie, wie lässt es sich vereinbaren, Leben erhalten zu wollen und gleichzeitig bei jeder Operation, bei jeder Vollnarkose, die aus finanziellen Gründen getätigt wird, das Leben von Menschen zu gefährden mit einer schier endlosen Liste von Risiken, von Schmerzerweiterung über Querschnittslähmung bis hin zum Tod des Patienten. Wie kann ein Arzt, der Leben erhalten will, der einen Eid geleistet hat, mit dem Patienten „Russisches Roulette" spielen, wobei aber nicht der Patient die Trommel des Revolvers dreht, sich an die Schläfe hält und abdrückt, sondern der Arzt und hofft, dass während der unnötig ausgeführten Operation keine Komplikationen auftreten. **„Das geht mir nicht in die Birne!"**

„Howgh! Ich habe gesprochen". Tut mir leid, wenn ich jetzt einigen von Ihnen auf den Schlips getreten bin oder Ihnen meine Meinung auf die Nerven geht, dann lassen Sie uns eine Friedenspfeife rauchen. Sorry, ich rauche ja gar kein Marihuana mehr, um meine Schmerzen in den Griff zu bekommen. Ich war danach immer so, nennen wir es mal müde. Trinken wir lieber einen kleinen Schnaps zusammen. Prost! Hoffe wir sind wieder gut miteinander. ☺ Übrigens, nicht das wir uns falsch verstehen, ich spreche nur von diesen Ärzten, die uns Patienten, nicht mehr als Patienten ansehen, sondern als eine Zahl aus dem OPS-Katalog Schlüssel z. B. 5-831 mit 4.200,- Euro Vergütung wahrnehmen.

Damit Sie verstehen und selber nachempfinden können, warum ich so aufgebracht bin vom DRG-System und seinen Auswirkungen, möchte ich Ihnen gerne ein paar Statistiken und Zahlen anhängen, die mehr als interessant sind zum Thema Bandscheibenoperationen und Rückenschmerzen. Dann verstehen Sie auch, dass es so unglaublich wichtig ist, an einen vertrauensvollen Chirurgen zu geraten. Ich kann gar nicht sagen, wie viele Stunden ich im Bett gelegen habe, unter starken Schmerzen recherchiert habe, – weil es so unglaublich schwer war, – mich durch den Wust des DRG-Systems mit seinen OPS-Schlüsseln und Bezeichnungen der Operationen zu wühlen. Oder wie schwierig es für mich war, mich durch die so unterschiedlichen Aussagen und Zahlen zur Häufigkeit von Operation und deren Kosten durchzuarbeiten. Es war wirklich hart, brauchbares Material für meine Statistiken zu finden, aber es hat sich gelohnt. Wäre ja zu einfach die Suchbegriffe „Anzahl Bandscheibenoperationen in Deutschland pro Jahr" in den Browser der Webseite einzugeben und sofort eine richtige Zahl ausgespuckt zu bekommen. Kein Wunder, dass es bald mehr Controller als Ärzte gibt, da sich kein Mensch mehr mit den Abrechnungen von Operationen auskennt und der Medizinische Dienst der Krankenkassen personaltechnisch aufrüsten musste, damit „ja" kein „Cent" zu viel abgerechnet wird. Mit dem Nachteil, dass noch mehr Geld ins Gesundheitssystem gepumpt werden muss um die Gehälter der Damen und Herren zu bezahlen. Aber jetzt, schnallen Sie sich an, jetzt kommen

„Die Statistiken des Grauens!"

Mit den nachfolgenden Statistiken werde ich Ihnen das ungebremste schockierende Ausmaß des Operationswahnsinns „schwarz auf weiß" belegen, dass seit Jahren in Deutschland Fahrt aufgenommen hat und bisher nicht gebremst wird. Ich werde Ihnen die sonst so harte Kost der Statistiken so schmackhaft und interessant vermitteln, dass Sie gar nicht genug davon bekommen werden. Denn Sie werden von Statistik zu Statistik immer mehr staunen und ungläubig Ihren Kopf schütteln, wenn Sie das ganze Ausmaß des Operationswahnsinns selbst begreifen werden. Das verspreche ich Ihnen. Ich werde dabei aber zum größten Teil auf den Bereich der Wirbelsäulenoperationen eingehen, da dies völlig ausreicht, um den wahren Charakter bzw. die Auswirkungen des DRG-Systems zu offenbaren.

Beginnen möchte ich mit einer Tabelle mit vier Spalten. Die erste Spalte ist nach Jahren aufsteigend von 1993 bis 2019 aufgebaut. Die Zweite enthält die Daten mit den Einwohnerzahlen Deutschlands in Millionen von 1993 bis 2019 (kaufmännisch gerundet auf volle Hunderttausend). Die dritte Spalte enthält die jährlichen Gesundheitsausgaben in Milliarden Euro (kaufmännisch gerundet auf volle Milliarden) für unsere Operationen, Medikamente, Rehabilitationen usw. Die vierte Spalte die Gesundheitsausgaben pro Kopf, d. h. vom jüngsten Baby bis zum ältesten Greis. „Erster Schocker, dass verspreche ich Ihnen!" (Angaben, ermittelt auf gbe-bund.de).

Jährliche Gesundheitsausgaben in Milliarden

Jahr	Einwohner in Millionen	Gesundheitsaus-gaben in Milliarden €	Gesundheits-ausgaben pro Kopf
1995	81,8	188	2.308
1996	82,0	196	2.407
1997	82,1	197	2.418
1998	82,0	202	2.482
1999	82,2	208	2.557
2000	82,3	215	2.635
2001	82,4	222	2.724
2002	82,5	230	2.825
2003	82,5	236,2	2.897
2004	**82,5**	**235,6**	**2.892**
2005	82,4	242	2.975
2006	82,3	249	3.062
2007	82,2	257	3.172
2008	82,0	267	3.307
2009	81,8	282	3.499
2010	81,8	291	3.625
2011	80,3	297	3.694
2012	82,5	304	3.784
2013	80,8	315	3.911
2014	81,2	329	4.062
2015	82,2	345	4.221
2016	**82,5**	**359**	**4.362**
2017	82,8	376	4.549
2018	83,0	392	4.723
2019	83,2	411	4.944

Anstieg der Gesundheitskosten von 2004 – 2019 in Prozent ausge-rechnet: **74 Prozent!** Wahnsinn, oder? Im ersten Jahr nach Einführung des DRG-Systems im Jahr 2004 (hier in „fett" markiert), gingen die Ausgaben bei gleicher Einwohnerzahl noch um ca. 600 Millionen Euro zurück, bis geschnallt wurde, dass man durch Operationen richtig Geld verdienen kann. Dann ging es ab. **Ab geht die Rakete!** Vergleichen Sie nur mal das **Jahr 2004 und das Jahr 2016.** In beiden Jahren betrug die Einwohnerzahl 82,5 Millionen, aber die Ausgaben sind um 123 Milliarden Euro angestiegen. Und noch mal innerhalb von drei Jahren um 52 Milliarden auf insgesamt ***411 Milliarden Euro.*** Da kann mir keiner erzählen, dass es einzig und allein daran liegt, dass wir immer älter werden. Verarschen kann ich mich allein. Da verdienen sich schon skrupellose Menschen eine „goldene Nase". Mit Sicherheit!

Das sind pro Kopf 4.944 Euro. Was für eine Summe. Unfassbar, oder? Die 411 Milliarden sind 411.000-mal eine Million. Um es noch deutlicher zu machen. Das wären 411.000 Millionäre. Interessiert das überhaupt noch jemanden? Da hören sich doch gleich mal die Ausgaben von etwas mehr als 54,841 Millionen Euro, die wir Bürger obendrein noch privat ausgeben für unsere Gesundheit für z. B. Medikamentenzuzahlungen, Fieberthermometer, Pflaster usw. wie „Peanuts" an. Sind ja „nur" 54,841 Millionen. Das macht mich richtig wütend, wenn ich diese Zahlen sehe. Das müsste alles nicht sein. All die unnötigen Operationen, Schmerzen usw., wenn wir von Anfang an mehr auf Vorbeugung und Information von Kindesbeinen an, setzen würden. Darauf komme ich speziell noch mal in Kapitel 4 zurück.

So erster Schock verdaut? Weiter geht's. Jetzt schauen wir uns mal die gesamte Anzahl an Operationen und Prozeduren (sind z. B. Röntgenbild, stationäre Pflege usw.) wie es nach dem DRG-System so schön heißt, jährlich an uns „Patienten" oder sollte ich sagen „Goldeseln" vollzogen werden.

Diese Statistik ist leider nicht vollständig, da ich nur die Daten von vollstationären Patienten über das Statistische Bundesamt herausgefunden habe. Die ambulanten Operationen, die in Krankenhäusern, Arztpraxen und durch Privat- und Vertragsärzte in deren Praxiskliniken verübt werden, sind hierbei nicht aufgeführt. Ambulant bedeutet, dass der Patient am selben Tag nach Hause geschickt wird, also ohne Übernachtung. Man geht hierbei seit ein paar Jahren im Schnitt von 2,5 bis 3 Millionen Operationen aus. Dies können z. B. folgende Operationen sein: Nukleoplastie, Infiltrationen, sogar die endoskopische Bandscheibenoperation fällt teilweise darunter, da viele Kliniken wie z. B. die Beta Klinik in Bonn die frisch operierten Patienten am selben Tag nach Hause schicken (steht auf deren Webseite: Stand 11.04.21).

Anzahl aller Operationen und Prozeduren in Deutschland

Jahr	Anzahl Operationen in Millionen	Anzahl Prozeduren in Millionen	Gesamt
2005	12,1	24,0	36,1
2006	12,6	25,0	37,6
2007	13,3	26,5	39,8
2008	13,7	28,1	41,8
2009	14,4	30,7	45,1
2010	14,9	32,4	47,3
2011	15,4	34,0	49,4
2012	15,7	35,2	50,9
2013	15,8	36,1	51,9
2014	16,2	38,0	54,2
2015	16,4	39,0	55,4
2016	16,8	41,9	58,7
2017	16,9	43,2	60,1
2018	17,0	44,4	61,4
2019	17,2	42,9	60,1

Da wird es einem schwindelig, bei dieser Anzahl, oder? Ein Anstieg von **66 Prozent** von 2005 bis 2019. Jetzt rechnen Sie noch die 2,5 bis 3 Millionen ambulanten Operationen dazu, dann weiß man wo die 411 Milliarden Euro Gesundheitsausgaben hinkommen. Und jetzt denken Sie mal an all die Professoren zurück, die sagen, dass eindeutig zu viel operiert wird in Deutschland. Das ist sehr schön ersichtlich in nachfolgender Tabelle:

Steigende Operationszahlen

Jahr	Einwohner in Millionen	Anzahl Operationen
2005	**82,4**	**12.129.075**
2006	82,3	12.617.955
2007	82,2	13.288.291
2008	82,0	13.677.709
2009	81,8	14.360.493
2010	81,8	14.937.120
2011	80,3	15.373.497
2012	82,5	15.714.665
2013	80,8	15.818.274
2014	81,2	16.201.413
2015	82,2	16.422.693
2016	**82,5**	**16.755.574**
2017	82,8	16.866.846
2018	83,0	16.974.415
2019	83,2	17.229.013

Leider habe ich keine Operationszahlen vor 2005 gefunden, – aber die tun es auch. Im Jahr 2005 lebten in Deutschland 82,4 Millionen Menschen und es wurden 12.129.075 Operationen durchgeführt. 2016 ist die Einwohnerzahl auf 82,5 Millionen Menschen angestiegen, – also 100.000 Einwohner mehr. Die Zahl der Operationen stieg auf 16.755.574.

Das ist eine Steigerung von 4.626.499 Operationen. „Wow", liebe Leser, unfassbar. Und innerhalb von drei Jahren nochmals um 473.439 auf insgesamt 17.229.013, plus die 2,5 bis 3 Millionen ambulante Operationen. **Das ist eine Zunahme von 30 Prozent!!!**

Hilfe, Hilfe, Hilfe kann man da nur sagen. Bloß nicht krank werden! Stoppt diesen Wahnsinn! Deshalb an dieser Stelle:

Meine erste Forderung an Herrn Bundesgesundheitsminister Lauterbach

Stoppen Sie dieses Krankheitssystem!
Stoppen Sie diesen Operationswahnsinn!
Stoppen Sie das DRG-System!
Reformieren Sie unser hart erarbeitetes Gesundheitssystem!

Heutzutage muss man Angst haben, ins Krankenhaus zu gehen, wenn man die Zahlen so sieht. Denn wer nicht bei drei auf dem Baum sitzt oder das Arztzimmer verlassen hat, – der wird operiert. Ruckzuck ist eine neue Hüfte oder eine Bandscheibenprothese eingepflanzt. Also seit bitte immer hellhörig und wachsam, wenn ihr ins Krankenhaus geht, solange dieses System der „Fallpauschalen" noch in Kraft ist.

Jetzt wissen wir, dass eindeutig zu viel operiert wird, oder nicht? Aber wie hat sich dieser Operationswahnsinn auf beispielsweise die Wirbelsäulenoperationen und Infiltrationen ausgewirkt? Das klären die nächsten Tabellen. Anfangen möchte ich mit den typischen Infiltrationen, die sehr viele Menschen mit Rückenschmerzen bereits kennengelernt haben. Zum Nutzen bzw. Nicht-Nutzen dieser Infiltrationen scheiden sich die Geister bzw. die Ärzte und die Krankenkassen. Auf jeden Fall sind diese teuer bezahlten Infiltrationen in den letzten Jahren explosiv angestiegen, was auch die Krankenkassen immer wieder bemängelten und dem Anstieg seit April 2013 versuchten entgegenzuwirken, als sie den schriftlichen Beschluss erließen, dass die Kosten für eine „PRT" usw. nur dann übernommen werden, wenn die Anordnung bzw. Überweisung zu einem Radiologen von einem Arzt mit der Zusatz-Weiterbildung "Spezielle Schmerztherapie" gemäß der Weiterbildungsordnung einer Ärztekammer erworben hat, ausgestellt wurde. Das heißt, wenn Ihr Hausarzt, Orthopäde oder sonst wer Ihnen ohne diese Zusatz-Weiterbildung eine Überweisung zum Radiologen für eine „PRT" ausstellt, dann bleiben Sie auf den Kosten sitzen. Diese belaufen sich auf ca. „100,- bis 250,- Euro" für eine „Sitzung", gestaffelt nach Schwierigkeit, Aufwand und je nachdem in welcher Praxis Sie sich befinden.

Anzahl durchgeführter Infiltrationen in Tausend

Jahr	Am Facetten-gelenk OPS: 8-917	Am ISG OPS: 8-158	An der Nervenwurzel OPS: 8-914	Im Epiduralraum OPS: 8-916
2005	38,9	31,0	46,1	209,6
2006	42,4	29,4	52,0	224,0
2007	47,7	29,4	60,3	250,4
2008	52,0	34,5	67,7	269,5
2009	76,7	30,7	83,9	284,4
2010	74,4	30,9	92,6	301,0
2011	82,8	31,6	102,9	305,2
2012	87,9	30,5	106,9	306,9
2013	93,3	28,4	115,1	300,4
2014	100,8	28,3	122,9	307,6
2015	98,9	28,0	121,2	307,5
2016	98,6	25,5	124,3	318,6
2017	98,1	23,8	120,4	307,7
2018	103,8	22,6	115,3	283,3
2019	100,5	21,8	113,9	268,2

Da ist schon ordentlich was los an Infiltrationen, nicht wahr? Denken Sie bitte nicht, nur weil hier die Zahlen rückläufig sind, dass es auch wirklich so ist. Wie bereits gesagt, sind das nur die Zahlen vollstationärer Patienten im Krankenhaus. Weil immer mehr Privatpraxen, Radiologen etc. vollausgerüstet mit CTs usw. sind, haben sich viele Infiltrationen in diese Bereiche verlegt, – worüber ich leider keine brauchbaren Zahlen gefunden habe. (Weil sie nicht meldepflichtig sind). Trotzdem sind die Infiltrationen um **60 Prozent** angestiegen.

Jetzt kommt eine Tabelle, die einen sehr hohen Stellenwert hat. In dieser Tabelle werde ich die jährliche „Anzahl an Bandscheibenoperationen (endoskopisch, mikrochirurgisch)" auflisten und die

Anzahl der jährlichen Operationen, – die Bandscheibenoperationen sehr häufig mit sich bringen. Nämlich das operative entfernen von „Spondylophyten". Das sind knöcherne Anbauten an den Wirbelkörpern und Facettengelenken, die sich durch den vermehrten Druck auf diese bilden, aufgrund der Höhenminderung der Bandscheibe. Diese knöchernen Anwachsungen verengen wiederum den Spinalkanal oder den Neuroforamen (Nervenwurzelaustrittslöcher) und engen dadurch die Nervenwurzeln ein. Dann wird von den sog. Stenosen (Spinalkanalstenose usw.) gesprochen.

Anzahl Bandscheibenoperationen

Jahr	Anzahl Bandscheiben-operationen OPS: 5-831	Anzahl Spondylophyten-entfernung OPS: 5-832
2005	121.703	52.036
2006	130.781	62.311
2007	140.261	74.611
2008	148.332	85.123
2009	161.435	92.518
2010	171.729	100.249
2011	173.674	105.330
2012	170.534	109.156
2013	155.244	108.317
2014	154.205	110.936
2015	153.091	111.243
2016	153.671	112.725
2017	153.930	112.482
2018	150.637	112.310
2019	152.785	113.153

Waaaaaas? Die Bandscheibenoperationen sind rückläufig??? Keine Angst, das sind sie nicht. **26 Prozent** Anstieg und wie schon oben beschrieben, werden die lukrativen endoskopischen Bandscheibenoperationen sehr oft von Privatpraxen ambulant durchgeführt und die Patienten am selben Tag nach Hause geschickt. Übrigens, es gibt Ärzte, die jagen 8 Patienten bei dieser Behandlungsmethode an einem Tag über den Operationstisch. 2,5 – 3 Millionen ambulante Operationen. Wie viele davon endoskopische Bandscheibenoperationen sind? Keine Ahnung. Aber eins ist sicher, die Entlassung am selben Tag führt auf jeden Fall vermehrt zu Rezidivbandscheibenvorfällen, wenn Patienten keine wirkliche Ahnung haben, wie Sie sich nach einer Bandscheibenoperation zu verhalten haben. Ach ja, da war ja noch was. **„Blutige Entlassung!"** Auch hierzu habe ich ein paar sehr interessante Zahlen gefunden. Wie sich die Verweildauer (die Liegedauer) von uns Millionen Patienten im Laufe der Jahre nach Einführung des „DRG-Systems" im Krankenhaus verkürzt haben. „Hmm", in welchem Krankenhaus, wenn Sie sich nun die nachfolgende Tabelle ansehen, dann werden Sie erkennen, dass immer mehr Patienten auf immer weniger Krankenhäuser kommen. **„Kliniksterben"** ist angesagt. Herrn Seehofers DRG-System hat schon gegriffen. Die Kliniken, die bei diesem perfiden Spiel „Operieren auf Teufel komm raus" nicht mitmachen wollten, die gibt es halt nicht mehr. Die Konkurrenz wird platt gemacht, bis nur noch die „gewissenlosen" übrig sind. Von 2003 bis 2019 sind das mal „schlappe" 283 Kliniken, die ihre Pforten für immer geschlossen haben. Fast hätte ich es vergessen. Aber nur fast ☺ Die Operationen um Spondylophyten zu entfernen ist um **117 Prozent** gestiegen. Noch Fagen?

Zwei Tabellen noch, dann haben Sie es geschafft. Aber ich denke nicht, dass es langweilig ist, dass Desaster, das uns unsere Politiker eingebrockt haben, mit eigenen Augen zu sehen.

Verweildauer nach Operationen

Jahr	Anzahl Kran-kenhäuser	Anzahl Patienten in Millionen	Verweildauer (Liegedauer) in Tagen
1997	2.258	16,4	10,4
1998	2.263	16,8	10,1
1999	2.252	17,1	9,9
2000	2.242	17,3	9,7
2001	2.240	17,3	9,4
2002	2.221	17,4	9,2
2003	**2.197**	**17,3**	**8,9**
2004	2.166	16,1	8,7
2005	2.139	16,5	8,7
2006	2.104	16,8	8,5
2007	2.087	17,2	8,3
2008	2.083	17,5	8,1
2009	2.084	17,8	8
2010	2.064	18,0	7,9
2011	2.045	18,3	7,7
2012	2.017	18,6	7,6
2013	1.996	18,8	7,5
2014	1.980	19,1	7,4
2015	1.956	19,2	7,3
2016	1.951	19,5	7,3
2017	1.942	19,4	7,3
2018	1.925	19,4	7,2
2019	**1.914**	**19,4**	**7,2**

Krass, oder? Kein Wunder bei dem Kliniksterben und dem Patien-
tenaufkommen, dass man so schnell wie möglich aus dem Krankenhaus bugsiert wird. Egal, ob man sich kaum auf den Beinen
halten kann oder die Narbe noch blutet. Egal ob der Patient jemanden zu Hause hat, der sich um ihn kümmert, oder nicht. „Wurscht,
nächster Patient bitte!" Sollen sich doch die anderen drum küm-

mern, wie beispielsweise die Hausärzte oder Rehakliniken. Wen interessiert das schon? Oh ich vergaß: Das hat ja nichts mit dem Kliniksterben zu tun, sondern mit unserem DRG-System: „Wirtschaftszweig Medizin". Mein Tipp: Werden Sie bloß nicht krank! (Übrigens 1991 lag die Verweildauer/Liegedauer bei 14 Tagen. „Auweia, sag ich da nur!")

Die Wirbelversteifungsoperation: „Eine schreckliche Folge des DRG-Systems (Spondylodese und Osteosynthese)"

Vorhin habe ich in der Tabelle „Anzahl Bandscheibenoperationen" schon mal anklingen lassen, welche Langzeitfolge eine Bandscheibenoperation mit sich bringt aufgrund der Höhenminderung – die Entfernung von Spondylophyten. Eine weitere weitreichende und schwerwiegende Folge ist die „Versteifungsoperation" die Königsdisziplin der Wirbelsäulenoperationen, die sog. „Spondylodese" und die „Osteosynthese" (Versteifung teilbeweglich), die ich Ihnen nach der Tabelle vorstellen werde, damit Sie wissen, was das ist.

Anzahl Wirbelversteifungsoperationen (unbeweglich/teilbeweglich)

Jahr	Anzahl Spondylodese OPS: 5-836	Anzahl Osteosynthese teilbeweglich OPS: 5-83b
2005	35.944	0
2006	41.129	0
2007	47.062	0
2008	52.751	0
2009	60.225	0
2010	66.986	0
2011	71.940	0
2012	72.176	112.732
2013	70.814	122.291
2014	72.690	130.487
2015	73.255	136.547
2016	71.475	140.406
2017	71.452	143.500
2018	71.756	147.646
2019	71.662	152.649

2019 wurden 224.311 Versteifungsoperationen an der Wirbelsäule (unbeweglich/teilbeweglich) durchgeführt, mit mehr als fragwürdigen Ergebnissen. Schmerzfreiheit können Sie sich durch diese Operation so gut wie immer abschminken. Keinen aus meinem Bekanntenkreis und mit den Menschen, die ich auf meiner Reise durch die Krankenhäuser und Praxen gesprochen habe, hat diese Operation auf Dauer wirklich geholfen. Auch die Bandscheibenforen sind voll von enttäuschten und des Lebens müden Patienten. Das ist auch kein Wunder, wenn man sieht, wie so eine Operation aussieht. Beginnen möchte ich mit einem Bild (Abbildung 6) und einem „netten" Filmchen mit einer Dauer von 2:59 Minuten. (Karl-Heinz auf Seite 30 lässt grüßen ☹)

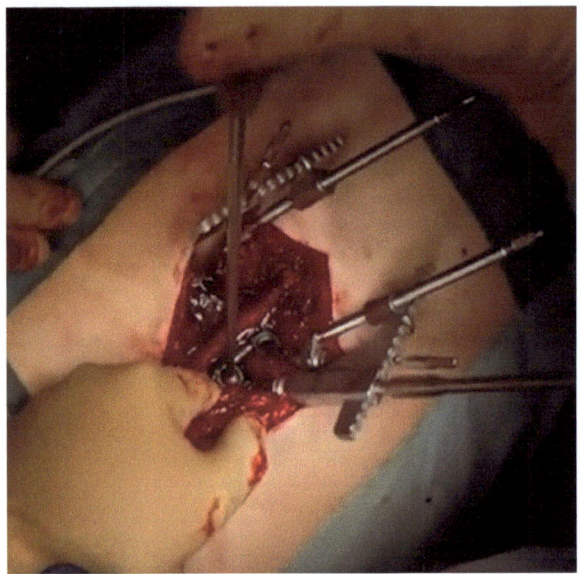

Abb. 6: Falls Sie nicht erkennen sollten, was das ist: Es ist der geöffnete Rücken eines Rückenpatienten während der Wirbelsäulenversteifung.

Allein diese Operationstechnik „Spondylodese", die Sie auf dem Foto sehen, ist um **99 Prozent** von 2005 – 2019 gestiegen. Da spreche ich noch nicht mal von der „Osteosynthese". Ich Fall vom Glauben ab. Wirklich!!! Wir müssen diesem Treiben ein Ende bereiten! Helfen Sie mit! Denn ich denke nicht, dass Sie sich das für sich selbst, Ihre Kinder, Bekannten oder Verwandten wünschen. Ich denke nicht, dass Sie bei Rückenschmerzen einem Arzt aufsitzen möchten, der aus Umsatzgeilheit diese Operationen vorschlägt und durchführt. Schauen Sie sich bitte nur mal die Demo-Version einer Wirbelsäulenversteifung auf YouTube an. Dafür müssen Sie sich leider bei YouTube anmelden bzw. ein Konto eröffnen, da dieses Video mit einer Altersbeschränkung versehen ist. „Zu Recht!" Ich werde auch nichts weiter zum Vorgehen zu dieser Operation schreiben, denn hier sagt der Film bzw. das Bild, das ich noch anfüge, mehr aus als 1.000 Worte.

Charité Berlin, Sana Kliniken
Herr Rainer Barth
Video: "Wirbelsäulen OP Demoversion" Dauer: 2:59 Minuten
Link: https://www.youtube.com/watch?v=_xy88Ls1_IU

Video angesehen? Sind Sie auch so weiß geworden, – wie ich?

Da nützt auch die musikalische Hinterlegung wie bei einem Science-Fiction-Film nichts, um diesen Film weniger dramatisch aussehen zu lassen.

Wie Sie der Statistik „Anzahl Wirbelversteifungsoperationen" entnehmen können, wurde die „Spondylodese" 2019 über 70.000-mal vorgenommen und die Osteosynthese (der gleiche Ablauf in „grün") schlägt hier mit über 150.000-mal zu Buche. Die Osteosynthese ist seit 2012 eine Alternative zur Spondylodese. Der einzige Unterschied ist hierbei, dass neben den Schrauben eine teilbewegliche Stange eingepflanzt wird und die Beweglichkeit des Wirbelsäulensegments eingeschränkt erhalten bleibt. Diese Operationsverfahren sind für mich die schlimmsten Eingriffe am Rücken und sollten wirklich nur als aller-aller-letztes Mittel eingesetzt werden. Wenn wirklich bewiesen ist, das die Schmerzen durch diese Operation genommen werden oder das eine Instabilität der Wirbelsäule bzw. eines Wirbelkörpers vorliegt und dieser extrem in den Spinalkanal gerutscht ist und eine „Querschnittslähmung" zur Folge haben könnte.

Ich stelle Ihnen diese Operationsart aus dem Grund vor, da mir dieser Eingriff 2016 in einer Privatpraxis nahegelegt wurde, obwohl kein Wirbelgleiten oder sonst irgendetwas vorgelegen hatte und bis heute nicht vorliegt, was diese Operation bei mir gerechtfertigt hätte. Da hab ich die **„Euro-Zeichen"** in den Augen des Arztes gesehen. Erklärt wurde mir der Eingriff an einem Wirbelsäulenmodell, siehe Abbildung 7 und anhand einer Röntgenaufnahme, siehe Abbildung 8.

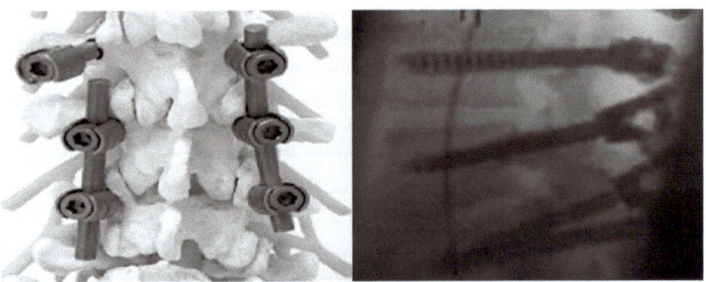

Abb. 7: Wirbelsäulenmodell mit verschraubten Wirbeln.
Abb. 8: Röntgenaufnahme: Wirbelsäule mit verschraubten Wirbeln.

Das sieht schon besser aus, oder? Wenn einem ein Arzt die Einbringung der Schrauben mittels eines unblutigen Wirbelsäulenmodells und anhand eines Röntgenfotos erklärt. Da könnte man sich schon mal – „mir nichts, dir nichts"– für eine Versteifungsoperation entscheiden, wenn man unter heftigen Schmerzen leidet. Gott sei Dank hatte ich mich damals nicht für diese Operation entschieden. Da hatte ich auf meine Alarmglocken gehört. Hätte der Arzt mir ein Foto wie die angefügte Abbildung 6 und 9 gezeigt oder mir die Demoversion abgespielt, dann hätte ich nicht für eine einzige Sekunde darüber nachgedacht, ob ich so eine Operation über mich ergehen lassen soll. Das wird bewusst nicht gezeigt, damit die Entscheidung zu einer Operation uns Patienten leichter fällt. Wenn Sie nur die unblutigen Bilder sehen und einen überzeugenden Arzt vor sich haben, dann ist es um Sie geschehen. Eine schwere Körperverletzung mit ungewissem Ausgang wird folgen. Und das oftmals aus Geldgier! Unglaublich!

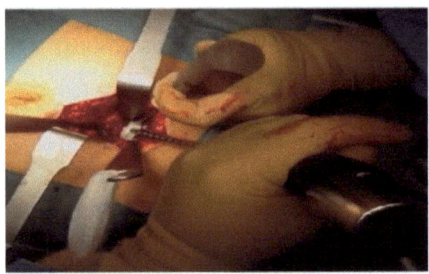

Abb. 9: Rückenoperation: Einlegen einer Bandscheibenprothese während der Spondylodese.

Falls Sie noch nicht geschockt sind, dann können Sie sich folgenden Film ansehen. Dauer: 31:07 Minuten. Der Operateur ist, Dr. med. Suhail Nazir. Vorsicht: „Dieser Film ist wirklich nur für Hartgesottene!"

MEDICLIN Krankenhaus Plau am See
Herr Dr. med. Suhail Nazir
Film: "Neurochirurgie Live, dorsale Stabilisierung an der Wirbelsäule mit Goniometer* Operationstechnik"
Link: https://www.youtube.com/results?search_query=spondylodese+dr.+nazier

Goniometer: Winkelmesser zur Messung von Gelenkwinkeln

An dieser Stelle möchte ich nochmal fragen: „Interessiert es eigentlich überhaupt noch irgendjemanden, was für Risiken Operationen mit sich bringen?"

Ich glaube nicht. Augen zu und durch! Na ja, so war es bei mir. Wird schon schiefgehen! Und das ging es auch! Ich konnte über ein Jahr keine 50 Meter am Stück gehen. Heute schaffe ich wieder 2 Kilometer mit „Ach und Krach", bis der Schmerz einsetzt. Na ja, nachlesen können Sie das alles in meinem Ratgeber: „Diagnose Bandscheibenvorfall Was soll ich jetzt tun?" Sollten Sie jemanden kennen, der Bandscheibenprobleme hat, dann empfehlen Sie diesen. Er kann helfen und obendrein werden meine Frau und ich einen Großteil des Erlöses hernehmen, um das DRG-System zu stoppen! Danke.

Ich zeig Ihnen kurz mal, was für Risiken bei dem eben beschriebenen Eingriff auf einen zukommen können.

Risiken einer Wirbelsäulenversteifungsoperation (Spondylodese/Osteosynthese)

Vergessen Sie nicht die allgemeinen Risiken auf Seite 31 hinzuzuzählen.

➢ Sehr oft stärkere Schmerzen als vor der Operation.

➢ Es kommt sehr oft zu Lockerungen der Schrauben, bevor die Wirbel stabil miteinander verwachsen sind.

➢ Oft sind Schrauben falsch positioniert, wodurch der Wirbelkörperbogen abbricht.

➤ Oftmals werden Schrauben vom Immunsystem als Fremdkörper angesehen, werden abgestoßen bzw. wachsen nicht im Wirbelkörper an. Der Knochen heilt nicht richtig.

➤ Sehr häufig kommt es zu einem erneuten Bandscheibenvorfall oberhalb oder unterhalb des versteiften Wirbelsäulensegments. Dann fängt alles wieder von vorne an.

➤ Häufig Verschiebung der Bandscheibenprothese.

➤ Wirbelkörperbruch bei den Wirbeln ober- oder unterhalb des versteiften Wirbelsäulensegments aufgrund fortgeschrittenen Alters durch die Mehrbelastung und Osteoporose.

➤ Sollten Sie hier an einen Operateur geraten, der sein Fach nicht wirklich versteht, dann ...

Übrigens, diese schwere Operation ist eine der größten Rosinen, die der OPS-Katalog für eine Rückenoperation zu bieten hat, neben dem Implantieren eines SCS-Katheters.
Oder die Rosinen, Hüftoperationen, Knieoperationen usw. usw. Deshalb, solange Sie sich selbst noch für eine Operation entscheiden können, dann holen Sie sich bitte immer eine zweite Meinung ein. IMMER!

Eins hab ich noch:

In welchen Regionen Deutschlands wird am meisten am Rücken operiert?

Die nachfolgende Abbildung Nr. 10 habe ich mir erlaubt, aus dem Faktencheck Gesundheit „Rückenoperationen" zu entnehmen. Link: https://www.bertelsmann-stiftung.de/de/themen/aktuelle-meldungen/2017/juni/ruecken schmerzen-in-manchen-regionen-wird-bis-zu-13-mal-haeufiger-operiert-als-andernorts

Kurzer Auszug: Ich zitiere:

Zahl der OPs stark angestiegen – und bei manchen Eingriffen gibt es gravierende regionale Unterschiede
Von 2007 bis 2015 stieg in der Bundesrepublik die Zahl der Rücken-OPs deutlich von 452.000 auf 772.000. Das ist ein Anstieg um 71 Prozent. Doch nicht nur das: Manche Eingriffe werden in einigen Regionen wesentlich häufiger durchgeführt als in anderen. So gibt es bei den aufwendigen Versteifungs-OPs, bei denen einzelne Wirbelgelenke versteift werden, gravierende regionale Unterschiede. Bei Patienten im hessischen Landkreis Fulda etwa werden 13-mal

so viele Eingriffe vorgenommen wie im brandenburgischen Frankfurt/Oder. Bei Dekompressions-OPs, bei denen knöcherne Verengungen am Wirbelkanal entfernt werden, gab es ebenfalls Unterschiede bis zum 13-fachen, bei Entfernungen von Bandscheibengewebe bis zum 6-fachen.

Mittlerweile gibt es regelrechte "OP-Hochburgen", wo die Zahl der Rückenoperationen in den letzten Jahren immer weiter zunahm. So entstand in Nord- und Osthessen sowie im angrenzenden Westthüringen ein zusammenhängendes Gebiet, in dem fast alle Stadt- und Landkreise vergleichsweise sehr hohe OP-Raten aufweisen.

Was meine Sie, worauf das zurückzuführen ist? GELD?

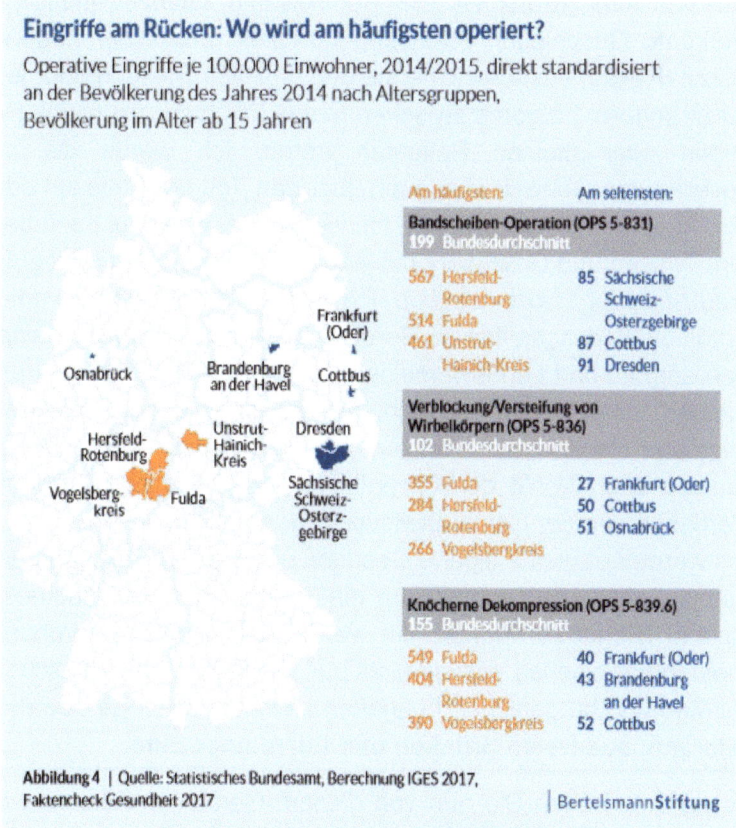

Abb. 10: Operative Eingriffe je 100.000 Einwohner

Sei wachsam, lieber Patient! Du hast nur den einen Körper!

So an dieser Stelle nochmal das ärztliche Gelöbnis bzw. das Genfer Gelöbnis (Hippokratischer Eid)

Als Mitglied der ärztlichen Profession gelobe ich feierlich, mein Leben in den Dienst der Menschlichkeit zu stellen. Die Gesundheit und das Wohlergehen meiner Patientin oder meines Patienten werden mein oberstes Anliegen sein. Ich werde die Autonomie und die Würde meiner Patientin oder meines Patienten respektieren. Ich werde den höchsten Respekt vor menschlichem Leben wahren. Ich werde nicht zulassen, dass Erwägungen von Alter, Krankheit oder Behinderung, Glaube, ethnischer Herkunft, Geschlecht, Staatsangehörigkeit, politischer Zugehörigkeit, Rasse, sexueller Orientierung, sozialer Stellung oder jeglicher anderer Faktoren zwischen meine Pflichten und meine Patientin oder meinen Patienten treten. Ich werde die mir anvertrauten Geheimnisse auch über den Tod der Patientin oder des Patienten hinaus wahren. Ich werde meinen Beruf nach bestem Wissen und Gewissen, mit Würde und im Einklang mit guter medizinischer Praxis ausüben. Ich werde die Ehre und die edlen Traditionen des ärztlichen Berufes fördern. Ich werde meinen Lehrerinnen und Lehrern, meinen Kolleginnen und Kollegen und meinen Schülerinnen und Schülern die ihnen gebührende Achtung und Dankbarkeit erweisen. Ich werde mein medizinisches Wissen zum Wohle der Patientin oder des Patienten und zur Verbesserung der Gesundheitsversorgung teilen.
Ich werde auf meine eigene Gesundheit, mein Wohlergehen und meine Fähigkeiten achten, um eine Behandlung auf höchstem Niveau leisten zu können. Ich werde, selbst unter Bedrohung, mein medizinisches Wissen nicht zur Verletzung von Menschenrechten und bürgerlichen Freiheiten anwenden. **Ich gelobe dies feierlich, aus freien Stücken und bei meiner Ehre.**

Nun ja! Was halten Sie nun von diesem Gelöbnis? Erkennen Sie Ihren behandelten Arzt, Ihre behandelten Ärzte darin wieder? Könnte man meinen, dass Menschen, die dieses Gelöbnis aufsagen, aus Umsatzgeilheit operieren? **Jetzt schon, nicht wahr!?**

Danksagung! An das ausgebeutete Krankenhauspersonal und die rechtschaffenen Ärzte in unserem Gesundheitssystem

Ich will mal schnell danke sagen, an alle Ärzte, die nach diesem Gelöbnis ihren äußerst wichtigen Dienst an der Gesellschaft verrichten. Ich habe diese Ärzte auf meiner langen Odyssee gefunden und bin dafür sehr, sehr dankbar. Gott sei Dank, gibt es noch solche Ärzte. Gleichzeitig ziehe ich auch meinen Hut vor dem Pflegepersonal im Krankenhaus. Trotz chronischer Unterbesetzung und Überstunden bis zum Abwinken, helfen diese Menschen uns Tag für Tag wieder auf die Beine. **HERZLICHEN DANK!**

Bitte beherzigen Sie meinen nachfolgenden Tipp, da es sehr viele schwarze Schafe unter den Ärzten gibt, die nicht nach dem Genfer Gelöbnis arbeiten und keine Ehre haben.

Hören Sie auf Ihre Intuition!
Suchen Sie sich Ärzte, denen Sie vertrauen können! Denen der Hippokratische Eid bzw. das heutige Genfer Gelöbnis noch was bedeutet. „Seien Sie bitte auf der Hut!"

Zurück zu den Tabellen: Sind Sie geschockt, was die Statistiken betrifft? Gut so! Immer auf der Hut sein! Zweite Meinung einholen. Der Gesetzgeber hat das nicht umsonst eingeführt, dass wir uns eine zweite Meinung einholen dürfen und die Krankenkassen dies bezahlen bzw. zahlen Sie es selbst durch Ihre Sozialversicherungsbeiträge. Was wir sehr oft vergessen, wenn wir davon sprechen, die Krankenkasse hat das bezahlt. Auch eine Anschlussheilbehandlung, also die „Reha" nach einer Operation zahlen Sie selbst. Natürlich durch Ihre eingezahlten Sozialversicherungsbeiträge. Nicht vergessen!

Nun komme ich zu einer weiteren Auswirkung des DRG-Systems. Denn nicht nur Krankenhäuser, Privatpraxen usw. wollen was von dem großen 411 Milliarden Kuchen abhaben. Nein, sondern auch gewiefte Investorengruppen und private Kapitalgesellschaften, die sich auch in den Zweig der Rehabilitation eingekauft haben, um dort Geld abzusaugen und eine Klinik nach der anderen platt zu machen und zu übernehmen. Auch hier wird und wurde an der Personalschraube gedreht. Was ich da erlebt habe, das ist unglaublich. Aber, ich denke, ich bekomm es hin. ☺

Kapitel 3
Rehabilitation:
Das Zehn-Milliardengeschäft

- Fließbandarbeit an uns Rehabilitanden -

Jahr	Anzahl Reha-Einrichtungen	Anzahl Patienten in Millionen	Kosten Rehabilitation in Milliarden €
2005	1.270	1,81	7,3
2006	1.255	1,84	7,4
2007	1.239	1,94	7,8
2008	1.239	2,00	8,0
2009	1.240	2,00	8,2
2010	1.237	1,97	8,2
2011	1.233	1,93	8,4
2012	1.212	1,96	8,7
2013	1.187	1,95	8,7
2014	1.158	16,2	9,0
2015	1.152	1,97	9,3
2016	1.149	1,98	9,5
2017	1.142	1,97	9,7
2018	1.126	1,99	10,1
2019	1.112	1,99	10,6

Das ist ein Kuchen! Nicht wahr!? 10,6 Milliarden Euro. Da freuen sich Investorengruppen! Da ist was zu holen. Auch hier hat der harte Konkurrenzkampf zugeschlagen. 158 Reha-Einrichtungen weniger. Da kommt doch Freude auf. Mehr Patienten für die privat geführten Einrichtungen -> Investmentgesellschaften. Aber eins muss man denen lassen. Die wissen, wie man Kosten spart, um eine Einrichtung nach der anderen aufzukaufen und zu übernehmen. Wie Sie das schaffen? Hier einige Beispiele: Einsparungen beim Pflegepersonal. Einsparungen bei den Physiotherapeuten und gleichzeitig den Auszubildenden mehr Verantwortung am Patienten zu übertragen. Einsparungen bei der Gebäudeinstandhaltung. Einsatz von Ärzten aus Drittstaaten usw. Die Liste ist endlos, wo Einsparungen getätigt werden können. Natürlich auf Kosten der Versorgung von Rehabilitanden (Patienten) und dem Personal, das früher oder später an einem „Burn-out" leiden wird.

Ich schildere Ihnen jetzt mal anhand meiner eigenen Erfahrung, was los ist in diesem äußerst wichtigen Gesundheitssektor. Anfangen möchte ich mit dem Leitfaden der XXL-Klinik, in der ich vier Wochen verbringen durfte.

Leitfaden der XXX-Klinik –> Alles Lug und Trug!

Das Leben leben.
Als Mensch im Mittelpunkt.

Nach der **Operation wieder beweglich werden**.
Die Orthopädie in der Klinik XXX bietet Ihnen eine **hochqualitative, medizinische Behandlung** kombiniert mit einer modernen Diagnostik und Therapie. **Dafür steht das Haus seit Jahren mit seinem guten Namen.**
Ein erfahrenes, multiprofessionelles Team aus Fachärzten, Therapeuten und Pflegekräften entwickelt in enger Abstimmung mit Ihnen einen Behandlungsplan mit individuellen Zielen, die sich ganz an Ihren Fähigkeiten und Fertigkeiten ausrichten. Bei der gesamten Behandlung werden Sie als Mensch mit Ihren ganz persönlichen Anliegen, Bedürfnissen und Wünschen ernst genommen. Dabei lernen Sie, die Ursache Ihrer Erkrankung zu begreifen, Ihre individuellen Risikofaktoren einzuschätzen und durch wirksame Maßnahmen zu reduzieren. Das individuelle, gezielte Trainingsprogramm vermittelt Ihnen Freude an körperlicher Aktivität und Sie gewinnen wieder Vertrauen in Ihre Leistungsfähigkeit. Mit den neu gewonnenen Stärken und Ihrer aktiven Mitarbeit sichern Sie auch dauerhaft beste Voraussetzungen für ein Mehr an Lebensqualität.

Das steht auf der Internetseite dieser Rehabilitationseinrichtung, die einer privaten Investorengruppe angehört, die mit der Deutschen Rentenversicherung einen Belegungsvertrag geschlossen hat. Liebe Leser, ich habe lange überlegt, ob ich den Namen dieser Reha-Einrichtung und der dazugehörigen Investorengruppe in diesem Buch preisgebe. Bei der finalen Durchsicht habe ich mich nun doch anders entschieden. Ich werde den Namen in einem YouTube-Video verlauten, weil ich nicht möchte, dass ich dieses Buch aufgrund meiner Aussagen, die ich tätigen werde, vom Markt nehmen muss und somit den Sinn und Zweck dieses Buches gefährde. Aber eins noch: Was sagen Ihnen die Worte: „Investorengruppe" und „Investment?"

Hören Sie die Alarmglocken läuten!? Investment! Investmentgruppe! Kommt bei Ihnen auch sofort die Frage auf: „Was macht ein Investmentunternehmen in unserem Gesundheitssystem?"

Wissen Sie, Investmentunternehmen sammeln Geld von Banken, Versicherungen, Stiftungen, Unternehmerfamilien und reichen Menschen ein, um dann zu „investieren". Was ist das Ziel eines Investments? Natürlich so schnell wie möglich, so hohe „Gewinne" wie möglich zu machen und da kommt natürlich dieser Teilbereich des Gesundheitswesens gerade recht. Nicht wahr!?

Auf jeden Fall, als ich den Leitfaden gelesen habe, hatte ich erst mal einen Schreikrampf bekommen. All diese Worte sind einfach nur **„Lug und Trug"**. Glauben Sie kein Wort, was da grau hinterlegt steht. Unglaublich. Ich kann immer noch nicht glauben, was ich da gelesen habe. Wenn Sie nun das oben Stehende mit dem vergleichen, was ich erlebt habe (Kurzschilderung), dann verstehen Sie, warum ich einen Schreikrampf bekam.

Ich fange an, mit meinem Hilferuf, in Form eines Briefes, an das Ärzteteam der XXX-Klinik.

Sehr geehrtes Ärzteteam,   23.09.2019
sehr geehrte Damen und Herren
der XXX-Klinik,

anbei der ausgefüllte Fragebogen.

Ich habe diesen Fragebogen versucht, so schnell wie möglich auszufüllen, obwohl es mir sehr schwer gefallen ist aufgrund meiner starken Schmerzen. Ich erachte es aber als sehr wichtig, dass Sie diesen Fragebogen sofort zurückbekommen, damit Sie sich schon vorab ein Gesamtbild über meine Beschwerden machen können und daraufhin über geeignete Therapien nachdenken können, die mir hoffentlich bei der Linderung meiner Beschwerden helfen können. Ich lege Ihnen auch noch einige Diagnosen vergangener OP's und Schmerztherapien bei.

> Ich bitte Sie, sich meiner Beschwerden anzunehmen, da ich sehr viel Hoffnung in Sie alle lege! Ich bedanke mich vorab für Ihre Mühe und Unterstützung.
>
> Mit freundlichen Grüßen
>
> Mark Oberländer

Ich hatte mich in dem Fragebogen den Damen und Herren komplett geöffnet. Ich hatte mein Innerstes nach außen gekehrt. Ich hatte das vorher noch nie in meinem Leben getan. Ich suchte dringend Hilfe. Ich war so verdammt angeschlagen, zermürbt von den jahrelangen Schmerzen, den misslungenen Operationen. Ich fühlte mich...! Lesen Sie selbst. (Einige Ausschnitte aus dem Fragebogen, den ich 19 Tage nach meiner misslungenen und unnötigen dritten Bandscheibenoperation ausgefüllt hatte).

1. Mit welcher Erkrankung komme Sie zu uns?

Wirbelsäulenerkrankung L4/L5 und L5/S1 rechts. Sehr starke Schmerzen im ISG-Bereich rechts, Wadenschmerzen rechts. Sehr starke Wadenzuckungen rechts, Gefühlsstörungen (alles rechts). Oberschenkel, Fuß außen, Fußsohle, großer Zeh; Kribbeln im Bein-Fuß, Niedergeschlagenheit.

2. Welche Beschwerden stehen für Sie im Vordergrund?

Sehr starke Schmerzen im ISG-Bereich rechts, Wadenschmerzen und -zuckungen, Niedergeschlagenheit, Schlafstörungen, Eingeschränkte Mobilität (Sitzen, Stehen, Laufen) -> Gefühl Klumpfuß

6b. Haben Sie Schmerzen? (Bitte kreuzen Sie die Stärke ...)

Kreuz hatte ich bei 7 gesetzt.

6c. Wann sind die Schmerzen am stärksten?

Kreuz hatte ich bei allen Tageszeiten gemacht, mit dem Vermerk: -> immer gleich stark, außer morgens habe ich Startschwierigkeiten, bis ich richtig laufen kann.

6d. <u>Leiden Sie unter seelischen Belastungen</u> (z. B. Minderwertigkeitsgefühle, Vergesslichkeit....)?

Kreuz hatte ich bei **ja** gemacht (Ich hatte zugegeben, dass es mir einfach nur beschissen ging). **Falls ja, beschreiben sie diese:** Hier hatte ich mich geöffnet, hoffend auf Hilfe.

<u>Ängste:</u> - das die Schmerzen bleiben in dieser Intensität; - Angst vor erneuten Operation; - vor dem älter werden, da immer neue Schmerzen auf einen zukommen; Angst davor, dass ich meiner Familie noch mehr zur Last fallen werde; Angst davor, dass ich es

nicht mehr schaffe, mich aus diesem seelischen Tief herauszuholen.

Niedergeschlagenheit, wenn ich so auf mein Leben zurückblicke, dass die Krankheit mein Leben so negativ beeinflusst hat. Karrieretechnisch wurde ich von der Krankheit immer wieder ausgebremst bzw. das ich tief gefallen bin. Ich fühle mich wie ein Boxer kurz vor dem technischen KO. Der schon des Öfteren niedergeschlagen wurde, aber sich kurz vor dem Anzählen wieder aufgerappelt hat und jetzt einfach nicht mehr die Kraft hat aufzustehen bzw. sich hochzuziehen, weil ich einfach nur noch Müde, ausgelaugt und immer kurz vor den Tränen stehe und die Schmerzen einfach satt habe!

8. Rehaziele:
Was möchten Sie in der geplanten Rehabilitation erreichen?
Schmerzlinderung, Psychische Stabilisierung, Mobilitätsverbesserung, Steigerung der Ausdauer, Tinnitus verschwindet, evtl. Gefühlsstörungen und Kribbeln, Zuckungen verschwinden, evtl. Gefühl Klumpfuß verschwindet.

Was steht für Sie im Vordergrund:
Schmerzlinderung, Psychische Stabilisierung, Linderung der Beschwerden am gesamten rechten Bein.

Ich kann Ihnen versichern, dass ich lange überlegt habe, ob ich das alles in den Fragebogen schreibe und mich anderen Menschen gegenüber so weit öffnen soll. „Scheiß drauf" hatte ich mir gesagt und ich hatte es getan. Der Schmerz trieb und die Hoffnung unterstützte.

Warum ich mich heute in diesem Buch vor der ganzen Welt öffne, fragen Sie sich. „Damit Sie alle begreifen, dass ein Bandscheibenvorfall alles andere als eine „08/15-Krankheit" ist und sehr weitreichende Folgen haben kann. Und jeder von mir darauf geimpft wird, einen großen Bogen vor solchen Rehabilitationseinrichtungen wie die XXX-Klinik zu machen. Wo sich die Ärzte einen Dreck für die Genesung der Rehabilitanden, – also für uns – interessieren. „Nächster Rehabilitand bitte!" Liebe Leser, was ich da erlebt habe. Ich würde es nicht glauben, wenn ich es nicht selbst erlebt hätte. Nun kurz zum ersten Tag, also zur Anamnese – dem Arzt-Patientengespräch.

Willkommen im Horror-Haus!

Am Anreisetag sind meine Frau und ich um halb zehn, nach ca. einer Stunde Fahrt, am Empfang der Klinik angekommen. Dort hatte ich die ersten Instruktionen (Laufzettel) und einen Schlüssel für mein Zimmer im zweiten Stock in der Abteilung „Orthopädie" erhalten. Die Instruktionen lauteten wie folgt: Sachen verstauen, in die Cafeteria wanken, an den Tisch setzen und auf eine Schwester warten, die das Aufnahmegespräch ausführt. Danach in den Speisesaal zur Tischzuweisung und daraufhin zum Doktor zwecks Anamnese. „Roger", alles verstanden. Zwischenzeitlich hatte sich meine Frau auf die Heimreise gemacht. Sachen waren verstaut, die zweite „Hydromorphontablette" geschluckt und ich wähnte mich in sicherer Obhut. „Möchte man meinen!" Die Schwester hatte mich nach ca. einer halben Stunde Wartezeit aufgerufen, meine Unterlagen; die Befunde; die ich bereits eingesendet hatte, nochmals kopiert und eine Akte von mir angefertigt. Währenddessen sagte sie mir, dass ich noch mal zum Empfang müsste, da irgendwas nicht ganz richtig gelaufen ist. Ein dickes **Fragezeichen** hatte sich auf meiner Stirn gebildet. Ich bin dann jedenfalls zum Empfang und siehe da: „Das Zimmer, welches mir zugewiesen wurde, war falsch". „Na ja", dachte ich mir. „Schlecht ist, dass meine Frau nicht mehr da ist und ich meine Sachen wieder alleine in die Koffer bugsieren muss zum Umziehen. (Übrigens fragen Sie immer nach Hilfe, wenn Sie erst kürzlich operiert wurden. Von selbst kommt keiner auf den Gedanken, dass Sie vielleicht Hilfe brauchen). Aber es kann ja nur besser werden". Damit meinte ich das Zimmer. Es war ein Standardzimmer. Ein Einzelzimmer mit Dusche, Bett, TV usw. Nicht gerade groß, aber es reicht vollkommen. Kein Ding, man ist ja auch genügsam. Aber etwas Lichteinfall wäre dann doch wünschenswert. Deshalb dachte ich wirklich noch. „OK! Passt". Umzug in den 3. Stock in die „Geriatrie". Ich hatte noch nie vorher von diesem Wort gehört: „Geriatrie?" Als sich die Aufzugtür öffnete und ich mich durch die Tür quetschte mit meinem Rolli traf mich fast der Schlag. Mir ist die Kinnlade nach unten gefallen. Wenn jetzt jemand gesagt hätte: „Machs Loch zu es zieht", dann hätte ich wahrscheinlich einen hysterischen Lachanfall bekommen. Mein erster Gedanke war, ich bin im Altenheim angekommen. Das ist nicht böse gemeint. Aber umso weiter ich den Gang entlang schlich in Richtung neues Zimmer, desto mehr kam in mir ein anderer Gedanke auf. Das ist kein Altenheim, sondern das ist die Station im Leben, vor der ich schon als junger Erwachsener meinte und auch heute noch so meine, nie hinkommen zu wollen. Die letzte Station vor dem Lebensende. Seien Sie mir nicht böse deswegen. Es ist nicht persönlich gemeint und schon gar nicht bezogen auf die älteren Damen und Herren in unserer Gemeinschaft. Lesen Sie weiter und Sie werden verstehen.

Jetzt weiß ich, was Geriatrie bedeutet:

„Die Geriatrie ist die medizinische Spezialdisziplin, die sich mit den körperlichen, geistigen, funktionalen und sozialen Aspekten in der Versorgung von akuten und chronischen Krankheiten, der Rehabilitation und Prävention alter Patientinnen und Patienten meist ab 70 Jahren aufwärts, sowie deren spezieller Situation am Lebensende befasst". (Definition lt. der deutschen Gesellschaft für Geriatrie e. V.)

"Lebensqualität zur Selbständigkeit", dies ist auch eine Aussage unter dem „Reiter Geriatrie" auf der Webseite der XXX-Klinik. Ob das zutrifft? Lesen Sie weiter.

Liebe Leser, was ich da im dritten Stock gesehen und miterlebt habe, hat mein Weltbild, meine Einstellung zum „Tod" grundlegend geändert. Ich denke eben wieder an die Worte meiner Oma: „Alt darfst du werden, aber nicht zu alt". Deswegen versuchen Sie alles, wirklich alles, Ihren Körper zu schützen und zu pflegen. Damit Sie Ihre Kräfte im Kampf gegen die Schmerzen, gegen die Gebrechlichkeit nicht schon vor Ihrem Lebensabend, vor dem Winter Ihres Lebens aufgebraucht haben. Denn die Schmerzen und die Gebrechlichkeit werden kommen, das ist so sicher wie das „Amen" in der Kirche. Aber wir haben es alle selbst in der Hand, dies so lange wie möglich hinauszuzögern. Stichwort: „Achtsamkeit" gegenüber uns selbst und unserem Körper! (In Kapitel 5 komme ich nochmal darauf zurück. Das ist quasi ein Bonuskapitel, für Interessierte).

Was ich in den vier Wochen dort erlebte, fragen Sie sich? Geduld kommt. Nach und nach.

Ich bin jedenfalls, an glaub ich, zehn Zimmern vorbeigelaufen. Fünf davon waren Doppelzimmer, deren Türen offen standen, – wo jeweils zwei sehr betagte Patienten in ihrem Bett lagen. „Warum stehen die offen, dachte ich so für mich?" Einige lagen im Bett und taten nichts außer an die Decke starren. „Boah, mich schaudert es eben". Ich weiß nicht, ob es immer dieselben Patienten waren, – die während meines vierwöchigen Aufenthalts, – in den Zimmern mit den offenen Türen lagen oder ob diese wechselten. Aber auf jeden Fall lagen immer wieder Patienten in den Betten dieser Zimmer, die nur die Decke anstarrten. „Nicht mit mir Freunde. Ich lass

mich nicht lebendig begraben. Patientenverfügung hab ich ausgefüllt". Das will ich nicht! Niemals!

An meinem neuen Zimmer angekommen, öffnete ich die Tür und
siehe da, bzw. sehen Sie selbst.

Abb. 11: Zimmer 380 der XXX-Klinik Neubau, ungefiltert

Hätte mich gewundert, wenn es anders gewesen wäre. Gut, auf
diesem Bild war es von der Uhrzeit her nicht knapp elf Uhr, wie am
Anreisetag, sondern ca. 14 Uhr an einem sonnigen Tag, wie man
an den einfallenden Lichtstrahlen durch die Balkonfenster sehen
kann. Ich kann Ihnen sagen, nach vier Wochen in diesem Zimmer
glaube ich, dass Einzelhaft, in einem deutschen Gefängnis nicht
schlimmer sein kann. Dagegen ist die Einzelzelle im Knast eher
noch Luxus, wenn man sich die Reportagen anschaut. Davon hab
ich auch eine im TV gesehen, bei den langen Abenden in diesem
trostlosen Zimmer. Jetzt wissen Sie, warum die Türen der Doppelzimmer offen standen. Damit die älteren Damen und Herren wenigstens etwas Tageslicht sehen konnten und ich denke, damit sie
sich einfach nicht so alleine fühlten. Ob es noch hellere Zimmer
gab? Selbstverständlich! Wenn man sich das Bild vom Altbau ansieht (Abbildung 12). Da gibt es ein sehr schönes Bild auf deren
Webseite. Dies möchte ich Ihnen nicht vorenthalten. Das Bild ist
schon sehr imposant. Das macht schon was her. Wenn Sie an-
kommen und dieses Gebäude sehen, das ist wirklich beeindru-
ckend. Aber der erste Eindruck täuscht gewaltig. Sorry, aber ich
kann kein gutes Haar an dieser Einrichtung lassen.

Abb. 12: Haupteingang der XXX-Klinik

Nachdem ich den ersten Schock verdaut hatte und von der unfreundlichen Servicekraft (heute sage ich eher, der überforderten und gestressten Frau) meinen Tisch zugewiesen bekam, bin ich langsam Richtung Arztzimmer geschlichen. Sitzen und Stehen war mittlerweile grausam für mich. Durchhalten war meine Parole. Ich hatte immer im Hinterkopf, die Damen und Herren werden mich wieder hinbekommen. Nach dem Brief, dem Hilferuf, den ich denen geschrieben hatte, werden sie mich nicht hängen lassen. „Ich musste eben beim Schreiben dieser Zeilen wieder lachen, aber eher aus Ungläubigkeit, wenn ich an mein Gesicht denke, dass ich nach fünf Minuten Arztgespräch gemacht hatte". Aber der Reihe nach: Nach einer halben Stunde Wartezeit wurde ich endlich aufgerufen. Langsam schlich ich die gut zehn Meter von den Wartestühlen zum Doktor, der mich an der Tür empfing und mein Gangbild begutachtete.

Deutsche Sprache, schwere Sprache

Im Zimmer angekommen verwies er mich auf einen Stuhl gegenüber des Schreibtisches und fing an meine Daten abzugleichen, in einem „Kauderwelsch", welches ich vorher noch nie gehört hatte. Und glauben Sie mir, ich habe in meinem Arbeitsleben viele integrierte Mitbürger und ihre Aussprachen erlebt. Wir haben und konnten uns immer irgendwie verständigen. Aber das, was dieser Arzt von sich gab, war nicht zu verstehen. Und er verstand mich wohl auch nicht oder wollte mich nicht verstehen. Auf jeden Fall, hatte ich ihn nach fünf Minuten unterbrochen, während er in ein Diktiergerät nuschelte und die Frage gestellt, die mir schon die ganze Zeit unter den Nägeln brannte. Ich fragte ihn: „Ob er sich meinen Schmerzfragebogen und meinen Brief angesehen hat, den ich vorab an die Klinik gesendet habe". Was meinen Sie, was seine Aussage dazu war? „Nichts!" Rein gar nichts! Er hat mich angesehen, als ob ich vom Mond komme. So würde ich ein Alien anstarren, ungläubig, dass sie wirklich existieren. Denke der Arzt hat mich so angestarrt aus dem Grund, wie ich ihn, den „Herrn Doktor" nur unterbrechen konnte, mit so einer komischen Frage. Das Anstarren durch den Doktor, war schon Aussage genug. Sein Anstarren war so eiskalt, ohne irgendein Empfinden in seinen Augen. Ab da war mir klar, dass es denen am „Allerwertesten" vorbeiging, was in meinem Brief stand. Dies war übrigens das einzige Mal während dieser 45 Minuten, dass er mir längere Zeit direkt in die Augen sah, – direkt ins Gesicht sah. Ansonsten starrte er nur in den blöden Monitor vor ihm, sprach irgendetwas Unverständliches ins Diktiergerät, stellte mir ab und an eine Frage in seinem „Kauderwelsch" und hämmerte dabei auf seiner Tastatur rum. Das, was ich jetzt sage und schreibe, würde ich über jeden Arzt schreiben, egal ob er Deutscher, Bayerischer, Kongolesischer, Schweizer, Österreichischer, Türkischer, Russischer oder oder oder Herkunft wäre und solche Schwierigkeiten mit der Aussprache und dem Verstehen gehabt hätte. Dieser Arzt und obendrein noch mein Stationsarzt, der gerade mal seit sieben Monaten in Deutschland lebte, hätten und dürften niemals eingesetzt werden in einer Rehabilitationseinrichtung, solange sie der deutschen Sprache nicht mächtig sind. Das ist meine Meinung, – dazu stehe ich!

In einer Rehabilitationseinrichtung geht es darum, kranke Menschen wieder alltagstauglich zu machen. Kranke Menschen wieder so fit zu machen, dass sie wieder am Leben teilhaben können. Das Leben leben können. Sich und ihre Familien weiterhin ernähren zu können, durch Ausführen ihrer Berufe, ihrer Tätigkeiten und dadurch dem Staat – unserer Solidargemeinschaft, – wieder eine wertvolle Stütze sein zu können. Darum geht es in einer Rehabilitationseinrichtung! Das funktioniert aber nur, wenn sich ein ausgebildeter Arzt sich ein Gesamtbild vom Gesundheitszustand des Rehabilitanden macht. Mit ihm spricht, wo der Schuh drückt, ihn anständig untersucht und daraufhin für den Patienten die bestmögliche Therapie auslotet. Der Reha-Arzt muss dem Patienten eine wertvolle Stütze sein bei der Genesung. Ich glaube nicht, dass diese Einrichtung, diese Investmentgesellschaft bzw. diese Ärzte begriffen haben, worum es wirklich geht. „Es geht nicht um GELD!"

Mein Appell an alle Mitarbeiter von Reha-Einrichtungen!

„Wenn Ihnen die Menschlichkeit für diese Arbeit fehlt, die Fürsorge am Menschen abhandengekommen ist und Sie nicht verstehen, dass Sie mit die wichtigste Funktion für die Solidargemeinschaft ausüben, dann wechseln Sie Ihre Arbeitsstelle. Denn wir Rehabilitanden benötigen in der Phase unserer Heilung „Hilfe". Echte Hilfe, die von Herzen kommt.

Zur Erklärung: Eine Solidargemeinschaft ist eine Gemeinschaft, in der die Mitglieder bei den großen Lebensrisiken wie Krankheit und soziale Not füreinander einstehen. Solidarität heißt: Hilfe der Stärkeren für die Schwächeren, die nicht die Kraft oder Möglichkeit zur Selbsthilfe haben. Der eine steht für den anderen ein. Und nicht der eine macht den anderen kaputt. Denken Sie darüber nach! Vielen Dank!

Zurück zur Untersuchung. Sie können es nicht glauben, nach einer gewissen Zeit nahm der „Arzt" doch tatsächlich meinen bereits ausgefüllten Schmerzfragebogen zur Hand, den ich im Vorfeld an die Klinik gesendet hatte. Zur Hand ja, aber nach ein paar Sekunden legte er diesen wieder weg. Das war ihm wohl zu viel zum Lesen. Das, was ihm wirklich wichtig war, war mein beruflicher Werdegang. Den haben wir knapp 15 Minuten besprochen. Na ja, ich habe gesprochen, er hat dabei in seine Tastatur gehämmert und weiterhin in den Monitor geglotzt. Doch irgendwann geriet er ins Stocken, er konnte nichts mit den Begriffen „ausgebildeter Speditionskaufmann und IT-Systemkaufmann" anfangen. Er wusste nicht, was das ist. Welche Aufgabenbereiche darunter fallen. Ich hatte es ein paar Minuten versucht zu erklären, aber mir ging sein Starren in diesen Monitor so auf die Nerven, dass ich ihn in Englisch darauf hinwies, dass er die Aufgabenbereiche auch im Internet „googeln" könne. Da wurde er hellhörig. Diese Sprache konnte er. Da kam sogar ein leichtes Lächeln über seine Lippen, – oder hatte ich mir das nur eingebildet? Er hatte es tatsächlich gegoogelt. Mir ging es derweil immer schlechter. Während dieser Befragung bin ich im Wechsel wie ein Tiger auf und abgelaufen, zwischendurch mit dem Rücken an die Wand gelehnt und kurz auf dem Stuhl gesessen. Ich hatte so starke Schmerzen, dass sich mir das Wasser in den Augen sammelte. Nach 40 Minuten hab ich abgebrochen. Ich hab gesagt, wenn ich jetzt nicht irgendwo die Gelegenheit bekomme, mich auszuruhen und hinzulegen, werde ich mich übergeben vor Schmerz. „Just a Moment", also Augenblick noch war seine Aussage, ich muss sie kurz noch untersuchen. Die Untersuchung hat drei Minuten gedauert. Soooo lange? Ja, das lag aber an der Sprachbarriere. Sonst wäre das in zwei Minuten abgehandelt gewesen. Ablauf der körperlichen Untersuchung:

➢ Im Stehen nach links und nach rechts schauen.

➢ Eine Rotationsbewegung in der Hüfte nach links und nach rechts, soweit mir das möglich war.

➢ Nach vorne und nach hinten beugen, soweit mir es möglich war.

➢ Hinlegen auf die Behandlungsliege.

➢ Klopfen über meine beiden Oberschenkel bis zu den Fußknöcheln, um evtl. Sensibilitätsdefizite festzustellen. Ich denke zumindest, dass er es deswegen gemacht hat. Denn verstanden hatte ich ihn nicht, wozu das gut sein soll. Schon gar nicht mit Hose an. Das war wohl mehr eine Pflichtübung seinerseits. (Übrigens, dass hatten alle Ärzte so gemacht. Dies ist nicht die richtige Untersuchungstechnik, um Empfindungsstörungen zu diagnostizieren. Ich denke, da stimmen mir die richtigen Ärzte zu).

➢ Zum Abschluss noch der Lasègue-Test, bei dem er mein rechtes Bein so in die Luft riss, das mir vor Schmerzen die Luft wegblieb. Wenn ich ehrlich bin, hätte ich ihm am liebsten eine gescheuert, so sehr hatte er mir wehgetan.

Das war's, danach hab ich die Untersuchung abgebrochen. Feierabend. Ich hatte ihn freundlicherweise darauf hingewiesen, falls er noch offene Fragen hätte, dass er sich alle Antworten aus meinem ausgefüllten Schmerzfragebogen raussuchen kann. Bevor ich grußlos das Arztzimmer verließ, bat ich ihn noch einen geeigneten Therapieplan für mich zu erstellen. Drei Meter bin ich gekommen, dann hielt er mich auf, um mir noch eine Frage in Englisch zu stellen, ob ich während der Rehabilitation gerne mit einem Psychologen sprechen möchte. Dies bejahte ich und „Tschüss". (Ich habe allerdings erst einen Termin bekommen, nachdem ich mich nach eineinhalb Wochen selbst darum gekümmert hatte).

Mir ging es so schlecht. Schmerzgeplagt und vor den Kopf gestoßen. So entsetzt von dieser, diesem, ich weiß gar nicht, wie ich das nennen kann, was das war, von diesem „Verhör", von diesem rücksichtslosen und emotionslosen Verhalten dieses Arztes.

Heute liebe Leser, wenn ich die Zeit zurückdrehen könnte, würde ich zu diesem Verhör einen „Rechtsanwalt" mitnehmen, damit dieser Arzt seine **„Approbation, die offizielle Erlaubnis zur Ausübung seines Heilberufes"** verlieren würde. Na ja, vielleicht schaff ich das noch. Ich versteh gar nicht, wie das möglich ist in Deutschland. Die Untersuchung würde jeder Student im ersten Semester besser ausführen. Ich dachte immer, dass nur die „Elite" in Deutschland Arzt werden darf. Die Rücksichtslosigkeit dieses Arztes verschlägt mir eben wieder die Sprache. Mir wird gerade speiübel, weil sich mir der Magen zusammenzieht. Dieser Arzt hat nicht verstanden, dass er dem Patienten eine wertvolle Stütze sein muss, – und damit der Solidargemeinschaft. Und so war es mit allen Ärzten in dieser Einrichtung. Das einzige, was sie wirklich konnten, war die Menge meiner Schmerztabletten zu erhöhen, dass ich nach der Zeit nicht mehr wusste, ob ich Männchen oder Weibchen bin. Aber die Schmerzen blieben. (Die komplette Geschichte darüber, ist in meinem Ratgeber nachzulesen).

Ehrlich gesagt, Ärzte kann man diese, diese gewissenlosen und hartherzigen Menschen nicht nennen. Das wäre eine Beleidigung für die richtigen Ärzte. Was sich dort Arzt nennt und den weißen Kittel anhat, kann ich mir beim besten Willen nicht vorstellen, dass die in unserem medizinischen Ausbildungssystem das erste Semester überstanden hätten. Geschweige denn jemals ihre Approbation (staatliche Zulassung zur Berufsausübung in Deutschland) erhalten hätten. Eine Approbation wird in Deutschland erst erteilt, bei einem abgeschlossenen Studium der Medizin. Dies beinhaltet mindestens 5.500 teilgenommene Stunden an einer wissenschaftlichen Hochschule und einer bestandenen „Ärztlichen Prüfung", dem sog. Staatsexamen in Deutschland. Verdammt?

Wie kann es sein, dass Ärzte aus Drittstaaten, die der deutschen Sprache kaum mächtig sind, in Reha-Einrichtungen praktizieren dürfen?

Diese Frage habe ich mir immer und immer wieder gestellt. Ich hatte mich gefragt, wie diese Reha-Ärzte die Approbation in Deutschland bekommen haben, ohne die nötigen Sprachkenntnisse und vor allem mit den nicht absolvierten 5.500 Stunden an einer Hochschule und dem Staatsexamen? Das war mir schleierhaft.

Ich weiß ja, dass in unserem Land nichts unmöglich ist. Unsere Politiker sind ja die besten Beispiele: Doktortitel werden gekauft, Plagiate werden erstellt, Bonusmeilen-Affäre, Maskenaffäre und und und. Oder hat man weitreichende Freunde in politischen Ämtern, können diese schon mal die eine oder andere Tür öffnen, z. B. war es früher, äh, bis zum Jahr 2000 gang und gäbe, dass Politiker Familienangehörige ersten Grades auf Staatskosten beschäftigten. Seit 2000 ist dies den Landtagsabgeordneten in Bayern untersagt. „Aaaaber", den Schwager oder die Schwägerin, gute Freunde usw. darf man trotzdem noch beschäftigen oder den einen oder anderen guten Gefallen tun. Oder was noch aktueller ist. Stichwort: „Lebenslauf frisieren oder nennen wir es, etwas aufhübschen". Was bei uns alles möglich ist!? Da wundert mich gar nichts mehr! Aber wie kann man die Approbation umgehen und als Arzt ohne Sprachkenntnisse in Deutschland arbeiten? Das will mir nicht in den Kopf. Bei so einem sensiblen Bereich, so einem „elitären" Bereich wie der Medizin. Der Medizin, die es sich zur Aufgabe gemacht hat, laut „Genfer Gelöbnis", die Gesundheit und das Wohlergehen der Patientin und des Patienten als oberstes Anliegen anzusehen. Wie können solche eiskalten „Ärzte" in Deutschland praktizieren?

Wissen Sie: – „Ich habe in meinem beruflichen Werdegang vieles gesehen und da ist mir auch das ein oder andere aufgefallen. Zum Beispiel hatte ich einen Mitarbeiter aus Kasachstan. Er war ein Pfundskerl. Fleißig und ein Arbeiter durch und durch. Der deutschen Sprache halbwegs mächtig, – aber wie soll ich mich ausdrücken? „Er war nicht gerade die hellste Kerze auf der Torte". Sollte ich meinen. Bis ich ihm das erste Mal seinen Lohnzettel aushändigte. Da stand doch glatt als Empfänger: „Herr Diplom-Ingenieur so und so". Also ich glaube vieles und ich wurde auch immer wieder mal eines Besseren belehrt, – aber dass „Herr so und so", diesen Titel innehatte. Niemals! So charmant wie ich bin, hatte ich ihn darauf angesprochen. Er wollte mir wirklich weiß machen, dass er in Russland als ausgebildeter Dipl.-Ing gearbeitet hat bzw. den Abschluss geschafft hatte. Also wenn es schon bei einer einfachen Matheaufgabe wie „acht mal sieben" hapert, möchte ich mir nicht vorstellen, wie er als Dipl.-Ing. gearbeitet hat. Wie hat mal einer meiner Chefs zu mir gesagt: „Papier ist geduldig". Was für ein wahres Wort.

Könnte womöglich auch bei so einem sensiblen Beruf wie dem Beruf des Reha-Arztes „Papier geduldig" sein? „Hmm", keine Ahnung? Ich hatte mich also ständig gefragt, wie dürfen solche Reha-Ärzte, wie ich sie erlebte, ohne halbwegs ordentliche Sprachkenntnisse und einer mehr als fragwürdigen Untersuchungstechnik in Deutschland praktizieren? Es hat zwar gedauert, aber ich hab es gefunden! Ärzte aus Drittstaaten dürfen mit einer beschränkten Berufserlaubnis in Deutschland praktizieren. Mit einer Berufserlaubnis? Hä, geht's noch? Was ist mit den 5.500 Stunden Hochschule und dem Staatsexamen? Braucht man nicht! Mit einer Berufserlaubnis darf ein Arzt aus einem Drittstaat unter Aufsicht einer Ärztin oder eines Arztes mit Approbation, auch ohne Approbation arbeiten. Eben frag ich mich, unter Aufsicht? Wieso hat der Stationsarzt dann die Visite teilweise allein durchgeführt, obwohl er nur eine Berufserlaubnis hat? Seltsam und ich frag mich: Wieso mühen sich dann unsere Medizinstudenten so ab?

Die sechs Stufen des Sprachniveaus

Der Arzt muss dafür Sprachkenntnisse auf dem Niveau B2 nachweisen und einen Fachsprachentest auf dem Niveau C1 ablegen. Die Berufserlaubnis gilt in der Regel 2 Jahre. Mir wird „angst und bange", das kann ich Ihnen sagen. Warum? Lesen Sie mal, was Niveau B2 nach dem „Gemeinsamen Europäischen Referenzrahmen" für Sprachen bedeutet:

„Die Person kann die Hauptinhalte komplexer Texte zu konkreten und abstrakten Themen verstehen; versteht im eigenen Spezialgebiet auch Fachdiskussionen. Kann sich so spontan und fließend verständigen, dass ein normales Gespräch mit Muttersprachlern ohne größere Anstrengung auf beiden Seiten gut möglich ist. Kann sich zu einem breiten Themenspektrum klar und detailliert ausdrücken, einen Standpunkt zu einer aktuellen Frage erläutern und die Vor- und Nachteile verschiedener Möglichkeiten angeben".

Ich habe knapp 8 Jahre Spracherfahrung, was Englisch betrifft und bin nie über dem Niveau A2 – grundlegende Kenntnisse hinausgekommen, weil ich meine Englischkenntnisse nicht außerhalb des Schulraums genutzt habe. Um das Niveau B1 – fortgeschrittene Sprachkenntnisse zu erreichen, muss man sich schon gewählt ausdrücken können. Aber das **Niveau B2** in „Deutsch" zu erreichen, vor allem, wenn man aus einem Drittstaat kommt, – ist schon sehr schwierig. Laut UNESCO gehört „Deutsch" zu den zehn am schwierigsten zu erlernenden Sprachen. Um das B2-Niveau zu erreichen, tun sich in der heutigen Zeit sogar sehr viele Muttersprachler, also die in Deutschland geborenen Menschen, – mehr als schwer. „Warum? Weil Deutsch eine verdammt schwere Sprache ist". Was die zwei Reha-Ärzte, der Anamnesearzt und der Stationsarzt an den Tag gelegt haben, war Niveau A1 und wenn ich ein Auge zudrücke und mit viel Wohlwollen, dann komme ich ganz knapp auf Niveau A2. Mehr nicht!!! Obwohl beim Anamnesearzt kann ich kein Auge zudrücken. Das war unterstes A1-Niveau. Das versteht kein Mensch, dieses Kauderwelsch.

Was den Fachsprachentest Niveau C1 betrifft, dieser wird vor der zuständigen Landesärztekammer des jeweiligen Bundeslandes absolviert. Zum Beispiel im Bundesland Baden-Württemberg, wo die zwei Reha-Ärzte tätig sind, dient die Fachsprachenprüfung zur Feststellung der für den Arztberuf erforderlichen Fachsprachenkenntnisse in der mündlichen und schriftlichen Kommunikation, basierend auf dem <u>Sprachniveau C1 (Fachkundige Sprachkenntnisse)</u>. Das ist einfach unglaublich. Lachhaft, – wirklich!

Mit dieser Prüfung sollen die Fachsprachenkenntnisse und Kommunikationsfähigkeiten nachgewiesen werden. Die sprachlichen und kommunikativen Kompetenzen werden dabei anhand speziell entwickelter Bewertungskriterien evaluiert. Evaluiert? Was Sie wissen nicht, was damit gemeint ist! Ich auch nicht! Ist das jetzt noch B2 – Niveau oder schon C1-Niveau? Keine Ahnung. Auf jeden Fall gehört es zur deutschen Sprache. Evaluiert bedeutet: „sach- und fachgerecht beurteilen, bewerten".

Was die Prüfer betrifft: Diese sind erfahrene Ärztinnen und Ärzte, die anhand eines im Vorfeld klar definierten Fallbeispiels eine typische Situation aus dem Krankenhausalltag simulieren. Die Fachsprachenprüfung besteht aus drei Teilen, die jeweils ca. 20 Minuten andauern:

1. Simuliertes Arzt-Patienten-Gespräch.
2. Verfassen eines im ärztlichen Berufsalltag typischerweise vorkommenden Schriftstücks (Arztbrief).
3. Simuliertes Arzt-Arzt-Gespräch.

Ich glaube, hier ist es wie mit dem Bewerten von MRT-Bildern. Es liegt alles im Auge des Betrachters bzw. im Ohr des Zuhörers! ***Übrigens:*** Das medizinische Fachwissen des Kandidaten wird keiner Bewertung unterzogen. „Das ist wohl für manch einen Kandidaten (Arzt?), ein wahrer Glücksfall!"

Wenn ich so an meinen beruflichen Werdegang und auf meine Patientenkarriere zurückblicke, – kann ich sehr wohl behaupten, – dass ich mir eine sehr gute Menschen- und Ärztekenntnis angeeignet habe und ich dadurch den ein oder anderen „Blender" nach kurzer Zeit erkennen kann. Wie hat einer meiner Chefs noch mal gesagt: „Papier ist geduldig". Wie wahr, wie wahr! Mehr sag ich dazu nicht. Obwohl ein Beispiel muss ich noch dazu anbringen.

Ich hatte den Stationsarzt, der knapp sieben Monate in Deutschland lebte gefragt, ob es möglich wäre eine Gymnastikmatte zu bekommen, damit ich die Übungen, die ich in der Gruppentherapie gelernt hatte, in meiner Dunkelkammer nachmachen konnte. Die laut den Physiotherapeuten und Ärzten, angeblich hilfreich dazu beitragen sollen, eine Mobilisation der Wirbelsäule zu erreichen und eine Kräftigung der Muskulatur zu erzielen. In den Trainingsraum durfte man ja nicht. Liebe Leser, der hat nach zwei Minuten immer noch nicht kapiert, was ich meinte mit Gymnastikmatte/Trainingsmatte. Nix verstehen! **B2 und C1-Niveau!?** Ich wollte einfach nicht die Übungen auf dem versifften Teppich nachmachen, – heute denke ich, dass es Urin war. **Anmerkung:** Der Stationsarzt war bei jeder Visite dabei und nachdem ich den Oberarzt an Tag 16 der Reha sachlich ins Kreuzverhör genommen hatte (andere Geschichte) wurde er allein zu mir geschickt. Als dieser bei der zweiten Visite mit dem Chefarzt zusammen in mein Zimmer kam, – war das eine Show, – kann ich Ihnen sagen. Erstmal hab ich das Licht ausgelassen, damit die Herren sehen konnten, was für eine Dunkelheit tagsüber in dieser Kammer herrscht. Bis sie den Lichtschalter gefunden hatten. Klasse! Sehr witzig. Dann hatte der junge Stationsarzt das Vergnügen, meine bereits hinter mir gelassenen Operationsverfahren und die Beurteilung aus den Arztbriefen dem Chefarzt vorzulesen. Ich schwöre Ihnen, wenn dies nicht so todernst gewesen wäre, hätte ich am liebsten lauthals gelacht. Schon nach zwei Sätzen kam der Junge ins Stocken „Nukleotomie und Neurolyse" waren seine Zungenbrecher. Der Chefarzt hatte ihm die Unterlagen aus den Händen gerissen, mit einem Blick, der es in sich hatte. Wie sagt man so schön: „Wenn Blicke töten könnten", dann würde dieser Arzt heute nicht mehr leben. B2 und C1-Niveau!? Der Chefarzt hat den Rest laut vorgelesen, während der Adjutant mit hochrotem Kopf zuhörte. Da tat er mir richtig leid. Bis zu dem Tag, an dem ich den Reha-Abschlussbericht angefordert hatte. Den hat dieser junge Mann verfasst. Vorab, mir ging es immer schlechter im Laufe der

Reha und ich hatte das immer wieder den Ärzten gesagt. Ich konnte zum Schluss keine 50 Meter mehr am Stück laufen, ohne heftige Schmerzen. Deshalb hatte ich nach zwei Wochen beim Stationsarzt angefragt, dass ich mich gerne von einem Neurochirurgen untersuchen lassen möchte, der meinen Körper mal so richtig unter die Lupe nimmt. „Brauchen Sie nicht! Nach Reha Sie können gerne das machen“, – waren seine Worte. Vorerst würde er meine Tabletten umstellen. Hydromorphon sollte ich absetzen, da es nicht wirkt. Ich wurde deshalb auf Oxycodon eingestimmt. Eingestimmt kann man das nicht nennen. Ab sofort sollte ich 2,5 Tabletten Oxycodon 20 mg einnehmen und nach ein paar Tagen auf drei bis vier Tabletten erhöhen + max. 5 mal 1000 mg Novalminsulfon und max. 3 x 800 mg Ibuprofen. Ich bin mir sicher, – die hatten Angst, – ich würde durch einen Besuch bei einem anderen Arzt die Reha abbrechen. Was natürlich mit Umsatzeinbußen verbunden gewesen wäre.

So nun zum Reha-Bericht, damit Sie verstehen, was los ist in Deutschland.

Der manipulierte Reha-Entlassungsbericht: Baron Münchhausen lässt grüßen!

Was ich in dem Gutachten über mich gelesen habe, hat mir die Sprache verschlagen. Ich dachte, da wurde ein anderer Mensch beschrieben, der die Reha absolvierte und nicht „ICH“. Unglaublich, aber lesen Sie selbst. Sorry, für die miese Qualität, aber die Kopien von meinem Hausarzt und der Reha-Klinik sind sehr schlecht: hier die wichtigsten Ausschnitte (Abbildungen 13 – 17):

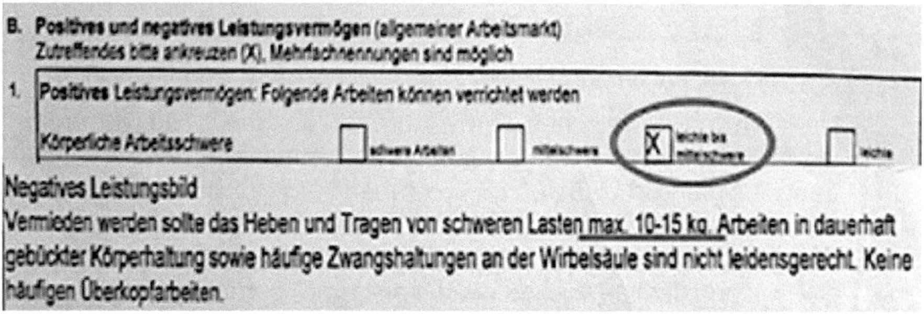

B. **Positives und negatives Leistungsvermögen** (allgemeiner Arbeitsmarkt)
Zutreffendes bitte ankreuzen (X). Mehrfachnennungen sind möglich

1. **Positives** Leistungsvermögen: Folgende Arbeiten können verrichtet werden

Körperliche Arbeitsschwere ☐ schwere Arbeiten ☐ mittelschwere ☒ leichte bis mittelschwere ☐ leichte

Negatives Leistungsbild
Vermieden werden sollte das Heben und Tragen von schweren Lasten max. 10-15 kg. Arbeiten in dauerhaft gebückter Körperhaltung sowie häufige Zwangshaltungen an der Wirbelsäule sind nicht leidensgerecht. Keine häufigen Überkopfarbeiten.

Abb. 13: Reha-Bericht gefälscht: Mein Leistungsvermögen.

Mein positives Leistungsvermögen: Laut diesen Menschen könnte ich so schlecht wie es mir ging (heute noch geht), leichte bis mittelschwere körperliche Arbeiten verrichten – mit Heben und Tragen von Lasten bis max. 10 kg. Das ich nicht lache. WIE DENN? Sollte ich mir die Lasten auf den Kopf binden? Unglaublich, wirklich. Aber es wird noch besser.

3.2 Allgemeiner psychischer Befund

D. Pat. ist freundlich und zugewandt. Denken inhaltlich und formal regelrecht, Stimmungslage ausgeglichen, keine fassbaren anamnestischen Einbußen, Antrieb normal.

Abb. 14: Reha-Bericht gefälscht: Mein psychischer Befund.

Mein allgemeiner psychischer Befund am Aufnahmetag. Hier sieht man, was für eine Wahrnehmung dieser Arzt hatte, der mich nicht mal richtig angesehen hat bzw. ansehen wollte, obwohl er mich beim Herausgehen aus dem Arztzimmer noch fragte, ob ich mit einem „Psychologen" sprechen möchte. Stimmungslage ausgeglichen. Glauben Sie auch, dass meine Stimmungslage ausgeglichen war, wenn Sie an meinem Bericht vom Aufnahmetag zurückdenken. (Nachzulesen ab Seite 79 ff).

4.2. Besonderheiten des Reha-Verlaufs

Aufgetretene Probleme/Interkurrente Erkrankungen
Der Behandlungsverlauf gestaltete sich zeitgerecht und komplikationslos.

Umstellung der Therapie
Alle Anwendungen wurden gut vertragen.

Beeinflussbarkeit von Fähigkeitsstörungen
Die Fähigkeitsstörungen ließen sich positiv beeinflussen.

Abb. 15: Reha-Bericht gefälscht: Besonderheiten des Reha-Verlaufs.

Hä? Bin ich im falschen Film? Komplikationslos? Gut vertragen? Da fällt mir noch ein, in der Gruppe sollten wir eine Verrenkungsübung für die Wirbelsäule machen, aber nur bis zum Punkt – wo es wehtut. Klasse! Danach hatte ich ein Ameisenlaufen mit Schmerzen, die sich gewaschen hatten. Das noch „zum Thema gut vertragen". Komplikationslos in die Depression getrieben, meinen die wohl damit. Ich glaube, die Herren wissen nicht, was positiv bedeutet? Könnte das an der Sprachbarriere liegen, an dem „niedrigen" Sprachniveau, was diese Ärzte laut Landesärztekammer an den

Tag legen müssen? Wie ist das geforderte Sprachniveau noch mal? Ach ja! **B2 und in der Fachsprache C1.**

4.3.1. Patientenselbsteinschätzung
D. Pat. war mit dem Rehabilitationsergebnis zufrieden.

Abb. 16: Reha-Bericht gefälscht: Meine Einschätzung zur Zufriedenheit.

Hä? Was denken Sie? War ich mit dem Rehabilitationsergebnis zufrieden? WOW. Das schlägt dem Fass den Boden aus. Ich hatte zwar manches Mal so viele Tabletten in mir, dass ich nicht mehr wusste, ob ich Männchen oder Weibchen war, aber diese Aussage hätte ich nie, nie, nie getroffen und diese werde ich auch niemals in meinem Leben treffen. Darauf können Sie Gift nehmen.

4.3.3. Kritische Würdigung des Reha-Prozesses und der Reha-Ergebnisse
Die Reha-Ziele wurden überwiegend erreicht.

Körpergewicht: bei Entlassung 72 kg
Blutdruck: bei Entlassung 116/74 mmHg
Herzfrequenz: bei Entlassung 75/min.

Des Weiteren wurden die aktuellen Schmerzen nach der VAS Schmerzskala erfasst:
Schmerzen bei: Aufnahme 7 von 10, bei Entlassung 5 von 10.

Die erhobenen Befunde sind mit der Beschwerdeangabe d. Pat. vereinbar.

Abb. 17: Reha-Bericht gefälscht: Meine Reha-Ergebnisse.

Die Reha-Ziele wurden überwiegend erreicht. Meinen die damit, dass ich zwei Kilo abgenommen habe? Ich glaub, mein Schwein pfeift. Mit Reha-Ziele überwiegend erreicht, wird wohl gemeint sein: dass ich mich nicht selbst erschossen hatte. Ich bin froh, dass da nicht steht Reha-Ziele erreicht, was wohl bedeuten würde: Patient tot –> Keine Last mehr für die Solidargemeinschaft, den Beitrags-zahler.

Bei der Entlassung ist die Stärke meiner Schmerzen auf wunder-same Weise auf 5 gesunken. Diese...! Schauen Sie mal zurück auf Seite 87, wie mein Gesundheitszustand war, dass ich nicht mehr laufen konnte. Das offensichtlich Niemanden interessierte. Medi-kamentendosis erhöhen. Fertig. Hätte mich auch gewundert! Zu dem Entlassungsbericht, dem Gutachten sage ich nur: „**PFUI**,

schämt euch". Baron Münchhausen war ein Waisenknabe gegen euch!

Ich habe diesen von Lügen strotzenden Entlassungsbericht mehrmals gelesen. Mir hatte es wie oben schon beschrieben, nicht nur die Sprache verschlagen, sondern mir wurde auch schlecht. Ich war einfach nur fassungslos, maßlos enttäuscht von unserer Ärzteschaft und konnte nicht glauben, was ich da las. Ständig fragte ich mich, warum dieser Bericht so verfälscht wurde. Sollte das die Retourkutsche des „Oberarztes" sein, den ich, wie bereits erwähnt ins Kreuzverhör genommen hatte oder ist das normal, dass in den Berichten so gelogen wird?

Vielleicht hatten die Herren mich die ganze Zeit falsch verstanden, weil ich nicht die Fachsprache C1-Niveau beherrsche? Ich konnte mir erst keinen Reim darauf machen, bis ich mir folgende Frage gestellt habe:

„Was hat die Reha-Klinik davon, wenn sie solche Lügen verbreitet?"

Dann hat es Klick gemacht. Es hat mit Geld, Geld, und nochmals Geld zu tun. Wie alles im Leben. Die Klinik muss die Menschen erfolgreich rehabilitieren und wenn es nur auf dem Papier ist. Denn sollte des Öfteren kein Erfolg vorherrschen, dann wird der Auftraggeber, die Deutsche Rentenversicherung, sich früher oder später wohl nach einer anderen Einrichtung umsehen, die die Menschen besser ins Berufsleben integrieren kann. Zumindest auf dem Papier! Klingt plausibel, finde ich. Denn welcher Auftraggeber vergibt weiterhin Aufträge an Einrichtungen, die die vorgegebenen Zahlen (Ziele) nicht erfüllen? Niemand. Diese Einrichtungen werden eliminiert. Stimmt doch, oder?

Und was ist das höchste Ziel der Deutschen Rentenversicherung: Der Mensch muss arbeitsfähig bleiben, egal wie. Er muss malochen, bis die Wirbelsäule kracht, bis das Letzte aus ihm rausgeholt wurde. Er muss arbeitsfähig bleiben, – egal wie! Denn langwierige Arbeitsunfähigkeit mit drohender Erwerbsminderung ist der „Super-GAU" für die Gesellschaft. Dann entstehen immense Kosten. Verständlich, oder? Und hier kommt so ein „manipuliertes" Gutachten (Entlassungsbericht) genau richtig. Denken Sie, ich hätte eine Chance mit einem Antrag auf Erwerbsminderungsrente gehabt mit meinem Entlassungsbericht, mit diesem Gutachten? Ganz klar: „NEIN". Auch nicht vor dem Sozialgericht. Jetzt wissen Sie einen Grund, warum mindestens 50 Prozent der Anträge von vornherein erstmal abgelehnt werden. Also bitte lassen Sie sich eine Kopie geben, damit Sie sofort sehen, ob nicht gemauschelt wurde.

Mauscheln bzw. frisieren von Gutachten ist nicht nötig, das möchte ich hiermit klarstellen. Denn wer von uns gesetzlich Versicherten kann es sich überhaupt Leisten vorzeitig in Rente zu gehen und auf „Rentenjäger" zu machen. Stand Juli 2019 war die Höhe der durchschnittlichen Erwerbsminderungsrente 830,- Euro im Monat. Hier trifft der Spruch eindeutig zu: „Zum Sterben zu viel und zum Leben zu wenig". Da müssen keine verlogenen Entlassungsberichte geschrieben werden, damit man als schwer kranker Mensch von vorneherein keine Chance hat auf die Bewilligung einer Erwerbsminderungsrente. Ich frage Sie: „Welcher Mensch, der bei klarem Verstand und halbwegs gesund ist, würde den Schritt in die Erwerbsminderungsrente gehen?" und sich dem Wohlwollen der Kaiserin/des Kaisers unserer Zeit auszusetzen.

Der Kaiser unserer Zeit:
„Der Gutachter (Arzt) der Deutschen Rentenversicherung!"
Daumen hoch oder Daumen runter?

Sie fragen sich sicherlich, warum ich der „Kaiser unserer Zeit" schreibe. Weil ich mich im Wartezimmer zu meiner Begutachtung für die Erwerbsminderungsrente wie der geschlagene Gladiator gefühlt habe, der auf das Zeichen des Kaisers wartet. Auf das Zeichen mit seinem Daumen. Der Daumen nach oben bedeutet: – in Würde leben. Zeit, um Wunden zu lecken. Der Daumen nach unten bedeutet: – arbeiten (kämpfen) bis zur Versteifung (oder den Tod durch Schmerzen) oder an den äußersten Rand der Gesellschaft gedrängt zu werden. Mit Stempel „Hartz IV" auf der Stirn und als asozial zu gelten. Traurig, aber wahr! So ist es in unserem Staat. Hier wurde mir die Macht des Gegenübers so richtig bewusst. Die Macht über mich und mein weiteres Leben. Und hier an dieser Stelle möchte ich mich von ganzem Herzen bei der Dame – der Ärztin – bedanken, die mich nach meinem Antrag auf Erwerbsminderungsrente begutachtet und erkannt hatte, dass vor ihr ein Mensch sitzt, der dem Tod näher als dem Leben ist. Vielen, vielen Dank, Frau Doktor … .

Selbstverständlich gibt es auch die andere Seite, dass aufgrund der Begutachtung die Erwerbsminderungsrente abgelehnt wird – denken Sie an den Reha-Bericht. Dazu müssen Sie Folgendes wissen. „Unser Staat hat kein Geld zu verschenken!" Ich sehe es folgendermaßen, und ich hoffe sehr, dass mich ein Gutachter eines Besseren belehren wird.

Bevor Sie die Tür zum Gutachter betreten zählen Sie als „Simulant", – als Rentenjäger. Der dem Staat auf der Tasche liegen will und keinen Bock mehr hat, mindestens drei Stunden am Tag zu arbeiten. Dass Sie ein „Schmarotzer" sind, – also ein fauler Mensch, der auf Kosten anderer lebt – und das Geld der Solidargemeinschaft aussaugen möchte. Und dies gilt es aus Sicht des Gutachters erst mal zu verhindern. Vom ersten Augenblick an, indem Sie durch die Tür zum Gutachter gehen, zählt nichts, was vorher war. Keine Bilder, keine Diagnosen, die Sie eingereicht haben. Nichts! Nur der erste Eindruck, den Sie bei ihrem Gegenüber hinterlassen zählt. Dieser Eindruck von Ihnen wird den weiteren Gesprächs- und Untersuchungsverlauf bestimmen. Jetzt kommt die Macht des Gutachters zum Vorschein. Sollte ihm Ihre Nase nicht gefallen, dann gibt es immer Mittel und Wege, Sie so in die Enge zu treiben, dass Sie sich nur noch wünschen, – damit dieses Verhör bald zu Ende ist – und Sie sich in Ihrem Bett verkriechen können, ohne auf das niederschmetternde Ergebnis „Sie können mindestens sechs Stunden am Stück arbeiten" zu warten.

Ich kann mir schon vorstellen, wie manche Menschen es genießen, ihre Macht auszukosten, den „Daumen zu senken", weil ihnen Ihr Gesicht nicht gepasst hat oder weil sie einfach nur einen schlechten Tag hatten. Das ist reine Willkür eines Menschen. Ich habe solche Menschen in meiner beruflichen Karriere kennengelernt. Die ihre Macht so richtig genießen! **Ekelhaft ist das!**

Ich kann mir nicht vorstellen, dass sich ein gesunder Mensch so einer Herausforderung stellt, – sich seiner Würde, seinem Stolz berauben lässt, – um eine durchschnittliche Erwerbsminderungsrente von 830,- Euro im Monat zu bekommen. Ich hoffe so sehr, dass ich mich irre. Bei beiden Angelegenheiten. Erstens, dass es Rentenjäger gibt und zweitens, dass Menschen/Ärzte (Gutachter) ihre Macht genießen und einen auf „Julius Cäsar" machen. Hier sind meine

Drei Gründe, warum gesetzlich Versicherte versuchen die Erwerbsminderungsrente zu beantragen.

➢ Die Jagd nach der dürftigen Rente ist es sicherlich nicht. Diese Menschen sind krank, – richtig krank. Ausgelutscht. Verbraucht. Von unserem System auf die Knie gezwungen. Von unserem „Sozialstaat" zerstört. Entweder körperlich oder seelisch. „Physisch oder psychisch".

➢ Diese Menschen möchten sich vor weiteren schwerwiegenden Folgen für Ihren Körper, Ihrer Seele schützen. Das Sie noch ein halbwegs schmerzfreies Leben führen können.

➢ Einige dieser Menschen haben nicht mehr lange zur eigentlichen Rente hin und wollen quasi durch die Erwerbsminderungsrente die Zeit zur vollen Rente überbrücken.

Ansonsten kann ich mir beim besten Willen nicht vorstellen, warum ein Mensch die Erwerbsminderungsrente beantragen sollte? Falls Sie anderer Meinung sind, – dann lasse ich mich gerne belehren.

Zurück zum Stationsarzt der XXX-Klinik, er hatte mir geraten, die Erwerbsminderungsrente zu beantragen, „weil wir so gut System haben in Deutschland". Wie soll das gehen, wenn ein Sachbearbeiter den gefälschten Reha-Bericht vorliegen hat. Nach dem Ding war ich so gut wie einsatzfähig. Wenn alles so gelaufen wäre, wie in dem Entlassungsbericht steht, – dann können Sie sicher sein, – würde ich heute nicht am Geldbeutel unseres Staates saugen. Womit ich immer noch nicht klarkomme, dass ich das im Augenblick überhaupt muss. Ich habe mein Leben lang gearbeitet und mich immer wieder Fit operieren lassen, Fit spritzen lassen, Medikamente geschluckt bis zum geht nicht mehr usw. Wenn ich so gesund gewesen wäre, wie dieser Bericht aussagt, wäre ich nach der Reha sofort freudestrahlend wieder auf die Arbeit gegangen.

Übrigens: Diese drei „Ärzte" (Chef-, Ober- und Stationsarzt), – dies ist das letzte Mal, – dass ich denen diesen „hochachtungsvollen Titel" verleihe, hatten mir den Glauben an die Ärzteschaft, an unser Gesundheitssystem und an den Menschen selbst genommen. Was da geschehen ist und wohl weiterhin geschieht ist einfach ..., einfach nur abscheulich. Denen gehört die Approbation entzogen. Oh, ich vergaß, ich meine natürlich die vorübergehende Berufserlaubnis.

Mein Anruf zur Richtigstellung des Reha-Entlassungsberichts

Nachdem ich den Schock über diesen gefälschten Reha-Bericht, dem Gutachten verdaut hatte, war ich tagelang hin und hergerissen, was ich tun sollte. Ob ich gegen diesen Bericht vorgehen sollte oder nicht. Denn ich konnte einfach nicht mehr. Ich war schon so ausgelaugt und wollte die schreckliche Reha nur noch vergessen.

Meine Ruhe haben. Meine Wunden lecken, – wie man so schön sagt. Ich weiß bis heute nicht, wie ich es geschafft habe, mich zu wehren, aber ich habe es geschafft. Und wie! Ich habe einen neuen wahrheitsgemäßen Bericht bekommen. Ich hatte einen Herrn aus der Geschäftsleitung angerufen. Besser gesagt, er hatte mich zurückgerufen, nachdem ich seiner Sekretärin erklärt hatte, die Machenschaften in dieser Klinik an den Pranger zu stellen, wenn mich nicht binnen einer Stunde jemand zurückruft, der was zu melden hat. Höflich wie ich bin, hatte ich ihr noch erklärt, dass es sich um den verlogenen Entlassungsbericht handelt, – weswegen ich anrufe. Eine Stunde später war der Herr aus der Geschäftsleitung am Telefon und ich hatte ihm sachlich und kühl gesagt, was ich von dieser Klinik und dem Reha-Bericht halte. Was glauben Sie, wie er reagiert hat? Hat er mich angeschrien? Hat er einfach aufgelegt? Hat er mit seinem Anwalt gedroht oder sonst was? Wie hat er reagiert?

Nichts dergleichen, er hatte meinen Bericht schon vor sich liegen und fragte mich in sehr höflicher Art, was ich darin geändert haben möchte. WAS? Das Resultat sehen Sie in den folgenden Abbildungen 18 – 22.

Ich hatte genau das angegeben, wie ich mich zu diesem Zeitpunkt gesundheitlich fühlte, nicht mehr und nicht weniger. Aber lesen Sie selbst, wie mein Entlassungsbericht abgeändert wurde. **Kämpfen Sie für Ihr Recht!**

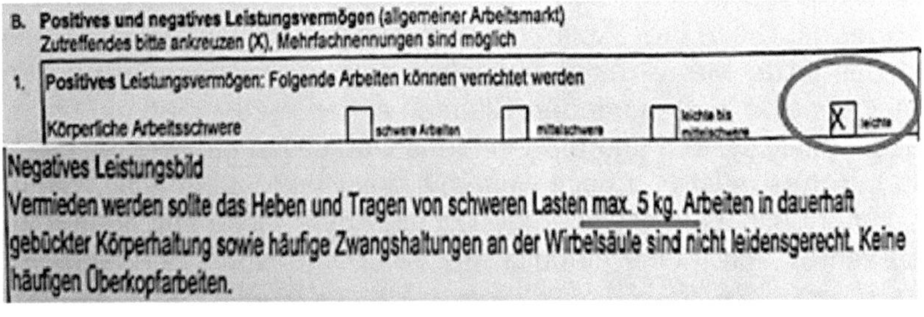

B. Positives und negatives Leistungsvermögen (allgemeiner Arbeitsmarkt)
Zutreffendes bitte ankreuzen (X), Mehrfachnennungen sind möglich

1. Positives Leistungsvermögen: Folgende Arbeiten können verrichtet werden

Körperliche Arbeitsschwere ☐ schwere Arbeiten ☐ mittelschwere ☐ leichte bis mittelschwere ☒ leichte

Negatives Leistungsbild
Vermieden werden sollte das Heben und Tragen von schweren Lasten max. 5 kg. Arbeiten in dauerhaft gebückter Körperhaltung sowie häufige Zwangshaltungen an der Wirbelsäule sind nicht leidensgerecht. Keine häufigen Überkopfarbeiten.

Abb. 18: Korrigierter Reha-Bericht: Mein Leistungsvermögen.

Meine Leistungsfähigkeit wurde von leichte bis mittelschwere körperliche Arbeiten mit Heben und Tragen von Lasten zwischen 10 und 15 kg, – auf leichte körperliche Arbeit mit max. 5 kg Heben und Tragen geändert.

3.2 Allgemeiner psychischer Befund
Depressive Verstimmung.

Abb. 19: Korrigierter Reha-Bericht: Mein psychischer Befund.

Nix mehr mit Stimmungslage ausgeglichen usw.

4.2. Besonderheiten des Reha-Verlaufs

Aufgetretene Probleme/Interkurrente Erkrankungen
Bei der Entlassung haben die Beschwerden zugenommen.

Umstellung der Therapie
Die Gruppengymnastik für den Rücken wurde wegen der Beschwerden abgebrochen.

Beeinflussbarkeit von Fähigkeitsstörungen
Keine Verbesserung im Vergleich zur Aufnahme.

Abb. 20: Korrigierter Reha-Bericht: Besonderheiten des Reha-Verlaufs.

Das sagt alles. Da brauch ich nichts mehr zu sagen, wenn Sie die erste Fassung auf Seite 89 Abb. 15 noch mal hernehmen.

4.3.1. Patientenselbsteinschätzung
D. Pat. war mit dem Rehabilitationsergebnis *teilweise* zufrieden.

Abb. 21: Korrigierter Reha-Bericht: Meine Einschätzung zur Zufriedenheit.

Hier hat „Herr …" meine wirkliche Aussage abgeschwächt. Eigentlich hatte ich gesagt, dass ich sehr unzufrieden bin mit dem Rehabilitationsergebnis. Denn womit sollte ich teilweise zufrieden gewesen sein? Vielleicht, dass ich nicht fünf Wochen in diesem Horrorhaus verbringen musste.

4.3.3. Kritische Würdigung des Reha-Prozesses und der Reha-Ergebnisse
Die Reha-Ziele wurden *teilweise* erreicht. *Der Pat. klagt über eine Zunahme der Beschwerden bei der Entlassung.*

Körpergewicht: bei Entlassung 72 kg
Blutdruck: bei Entlassung 116/74 mmHg
Herzfrequenz: bei Entlassung 75/min.

Des Weiteren wurden die aktuellen Schmerzen nach der VAS Schmerzskala erfasst:
Schmerzen bei: Aufnahme 7 von 10, bei Entlassung 7 von 10.

Die erhobenen Befunde sind mit der Beschwerdeangabe d. Pat. vereinbar.

Abb. 22: Korrigierter Reha-Bericht: Meine Reha-Ergebnisse.

Hier steht noch ein wichtiger Punkt, den ich fast vergessen habe. Und zwar: Die Reha-Ziele wurden teilweise erreicht. Das stimmt natürlich auch nicht. Von den Reha-Zielen, die ich mir gesteckt hatte, habe ich nicht einen einzigen erreicht. Wie auch? Denn es hatte sowieso keinen von diesen „Ärzten" interessiert, welche Ziele ich mir gesteckt hatte. Den ausgefüllten Fragebogen, den man bekommt, wollte kein Mensch sehen. Warum auch? Alle über einen Kamm scheren und am Fließband durchschleusen ist die Devise. Ehrlich gesagt, schade für die Bäume, die für dieses Formular, Abbildung 23 gekillt wurden und die Belastung unserer Umwelt durch die Herstellung der Druckerpatrone. Hier ein Auszug meiner Reha-Ziele. Es ist etwas schwer zu erkennen. Deshalb füge ich meine Reha-Ziele noch in Maschinenschrift an. Angekreuzt hatte ich: Schmerzlinderung, Psychische Stabilisierung, Stressbewältigung, Krankheitsbewältigung, Muskelkräftigung, Stabilisierung der Muskulatur, Verbesserung der Beweglichkeit, Linderung von Bewegungseinschränkungen, Mobilitätserhalt bzw. Verbesserung, Steigerung der Ausdauer und Aktivitäten des täglichen Lebens (ADL). Nichts davon hatte ich erreicht. ☹

Name, Vorname: *Max R Oberländer*
Geb.-Datum: *07.03.1974*
Pat.-Nr.
Zimmer-Nr.
(Patientenaufkleber)

Reha-Ziele

bei der Aufnahme	bei der Entlassung		
	erreicht	teilw. erreicht	nicht erreicht
Allgemeine Reha-Ziele:			
☒ Schmerzlinderung	☐	☐	☐
☐ Rückbildung des Lymphödems	☐	☐	☐
☒ Psychische Stabilisierung	☐	☐	☐
☒ Stressbewältigung	☐	☐	☐
☐ Gewichtsabnahme	☐	☐	☐
☐ Schulung bezüglich der Risikofaktoren, Reduktion des cardiovaskulären Risikoprofils	☐	☐	☐
☐ Richtiger Umgang mit der Ernährung. Erlernen einer gesunden Ernährungsweise	☐	☐	☐
☒ Krankheitsbewältigung/Eigenverantwortung/ Selbsteinschätzung	☐	☐	☐
☐ Sozialrechtliche Information	☐	☐	☐
☐ Renteninformation	☐	☐	☐
☐ Perspektiven	☐	☐	☐
☐ Wirtschaftliche Absicherung	☐	☐	☐
☐ Berufliche Perspektiven/berufliche Reintegration	☐	☐	☐
☐ Selbständigkeit im Alltag unterstützen	☐	☐	☐
☐ Angehörigenberatung	☐	☐	☐
☐ Soziale Integration erhalten und verbessern	☐	☐	☐
Orthopädische Reha-Ziele			
☒ Muskelkräftigung, Stabilisierung der Muskulatur	☐	☐	☐
☒ Verbesserung der Beweglichkeit, Linderung von Bewegungseinschränkungen	☐	☐	☐
☒ Mobilitätserhalt bzw. Verbesserung	☐	☐	☐
☐ Verbesserung der Muskelkoordination	☐	☐	☐
☐ Erlernen eines flüssigen Gangbildes bzw. flüssiger Bewegungsabläufe	☐	☐	☐
☐ Erlernen eines rückengerechten Verhaltens im Alltag und Beruf	☐	☐	☐
☒ Steigerung der Ausdauer	☐	☐	☐
☐ Hilfsmittelversorgung/Prothesenversorgung	☐	☐	☐
☒ Aktivitäten des täglichen Lebens (ADL)	☐	☐	☐
☐ Üben des Hilfsmittelgebrauchs	☐	☐	☐
☐ Motivation zur Weiterführung der hier erlernten Übungen	☐	☐	☐

Datum/Unterschrift Patient bei Aufnahme   Datum/Unterschrift Patient bei Entlassung

Abbildung 23: Meine Reha-Ziele, die keinen interessierten.

Eins muss ich noch erzählen. ☺

Weil ich eben den Begriff Mobilitätsverbesserung geschrieben habe. Wenn Sie selbst schon mal auf Reha waren, dann wissen Sie ja, dass das Bewegungsbad eine der hilfreichsten Stützen, – wenn nicht sogar die Hilfreichste, – bei der Mobilisation von Wirbelsäulengeschädigten usw. ist. Solange die Mobilisation langsam, richtig, vernünftig und individuell abläuft.

Für die Leitung der Therapiemaßnahmen im Bewegungsbad der XXX-Klinik gab es keinen speziellen Physiotherapeuten. Wahrscheinlich immer der, der gerade Zeit hatte, – gehe ich heute davon aus. Ich weiß noch von meiner ersten Reha, dass dies der größte Schlüssel zum Erfolg sein kann. Im Wasser kann man mit guten Übungen die Beweglichkeit ohne große Belastung der verletzten Strukturen wieder herstellen und gleichzeitig den Erhalt der Muskulatur sicherstellen. Auf jeden Fall, in der vierten Stunde hatte ein erfahrener Mitarbeiter der Reha-Einrichtung die Leitung übernommen. Bevor wir ins Wasser gingen, im Schnitt 6 – 8 Personen, sagte er laut und deutlich: „Bitte nicht tauchen". Hää, was ist? Mein Tischnachbar „Karl-Heinz", der mit mir zum ersten Mal im Becken war, schaute mich genauso verdutzt an, wie ich ihn. Ein etwas älterer Herr neben mir fing das Schwimmen an und wollte zum Tauchen ansetzen, da schrie der Physiotherapeut: „Bitte unterlassen Sie es zu tauchen!" Ich fragte, warum: Ich dachte erst, es liegt daran, weil er sich um uns sorgte. Dass er Angst hatte, dass unsere Haare nass werden und wir uns damit eine Erkältung zuziehen, weil das Wasser so kalt war, dass uns die Zähne klapperten. Oder seinen Ausspruch „Bitte unterlassen Sie es zu tauchen" darauf bezog, weil sich auf den Treppen ins Becken; an den Ecken; an den Kanten und an vielen Stellen am Beckenboden; schwarze Stellen befanden, die sehr stark nach Schimmel und Pilzen aussahen und er eben Angst hatte, dass wir vielleicht Schaden nehmen könnten, wenn wir versehentlich etwas Wasser in den Mund bekommen. **Aber weit gefehlt**, seine Antwort sucht seinesgleichen. Das können Sie mir glauben. Also seine Antwort auf meine Frage: „Warum wir nicht tauchen sollen?" war von ganz anderer Natur. Das, was ich jetzt schreibe ist kein Scherz, das hat der Herr wirklich gesagt. **O-Ton:** „Weil viele der Rehabilitanden vornehmlich, die an der Wirbelsäule versteift wurden, ihren Urin nicht halten könnten. Und dies von seiner Sicht auf die Teilnehmer außerhalb des Beckens immer mal zu erkennen wäre, an den gelben Umrandungen". „Bäh", das ist schon hart zu hören. Aber nun kommt das i-Tüpfelchen. „Er würde das Wasser nicht trinken, auch wenn er seit Tagen in der Wüste wäre und kurz vorm Verdursten. Denn er weiß nicht, wie oft das Wasser im Jahr gewechselt wird".

Mein Ausdruck hat alles gezeigt. Ekel, Entsetzen, Erstaunen mit einem Lachanfall. Mein Kollege hatte mich auch ungläubig angesehen. Ich weiß gar nicht, wie die anderen sechs Damen und Herren reagiert hatten. Denn ich hatte die ganze Zeit überlegt, ob ich das Becken auf der Stelle verlassen soll. Ich war so verdammt hin- und hergerissen. Der Wille zu meiner Genesung hatte mich „gezwungen", drin zu bleiben und die Übungen mitzumachen. Ja, mein Wille. Wenn ich gesund gewesen wäre, hätte ich die Biege gemacht. Nicht nur aus dem Wasser, sondern aus der gesamten Einrichtung. Jetzt weiß ich auch, warum die Pflegedienstleitung zu mir sagte, als ich meine Tabletten abholte, dass ich unbedingt jedes Mal, bevor ich ins Schwimmbecken gehe, vorbeikommen soll, damit sie oder eine ihrer Kolleginnen ein wasserfestes Pflaster auf meine in der Heilung befindlichen Operationsnarbe kleben können. Sie meinte noch: „Nicht das sich da was entzündet". Wissen Sie an was ich eben gedacht habe. So muss sich jemand fühlen, wenn er davon erfährt, dass er eben Gammelfleisch gegessen hat und bisher nicht wusste, warum ihm schlecht ist. Ich weiß jetzt nicht, wie ich auf dieses Beispiel gekommen bin? Ist halt so. Ja, das ist halt so.

Eigentlich wollte ich das Erlebte in den darauffolgenden Wochen öffentlich machen, über einen Erfahrungsbericht im Internet und in einem Brief an die Deutsche Rentenversicherung. Ich hab's nicht geschafft, – bis heute, – während ich diese Zeilen schreibe. Ich konnte und wollte nicht mehr an diese schrecklichen vier Wochen erinnert werden. Auch jetzt, gerade, während ich diese Zeilen schreibe, saugt mir das Erlebte in dieser Klinik meine Energie aus und versucht mich wieder nach unten zu ziehen. Ich habe ganz schön daran zu knabbern und ich bin so froh, wenn ich diesen Teil des Buches abschließen und hinter mir lassen kann.

Bei diesem Telefonat mit dem Herrn aus der Geschäftsleitung hatte ich das letzte Mal für eine lange Zeit nach meiner Devise gehandelt: **„Wer nicht kämpft, hat schon verloren"** (nach Bertolt Brecht) Komplett heißt der Spruch: „Wer kämpft kann verlieren, wer nicht kämpft hat schon verloren". Danach war mein Kampfgeist komplett gebrochen und es begann die schlimmste Episode in meinem Leben. Ein Leben in einer Depression -> andere Geschichte, nachzulesen, Sie wissen schon wo. ☺

Ich hatte zuerst Bedenken, ob dieses Thema in das Buch gehört, aber die Zweifel hatten sich dann doch recht schnell gelegt. Denn dieses Buch soll Sie wachrütteln, soll Sie schocken und zum Nachdenken anregen. Dieses Buch soll zeigen, was in Deutschland wirklich los ist.

Bevor ich mich dem nächsten Thema widme, möchte ich noch einige Abschlusssätze zum Thema „Reha-Einrichtungen" sagen. Ich finde, der Grundgedanke einer Rehabilitation: „Den Menschen durch spezielle medizinische Maßnahmen wieder so herzustellen, dass diesem die soziale und berufliche Wiedereingliederung gelingt", – ist absolut lobenswert. Es ist äußerst sinnvoll und eine sehr gute Sache in unserem Gesundheitswesen. Doch nicht so wie in der XXX-Klinik, wo die „Gewinnmaximierung" an erster Stelle steht und der Rehabilitand an Letzter. Dass es anders geht, hatte ich in der Frankenklinik Bad Kissingen im Jahr 2011 erlebt. Da hatte alles gepasst. Ich hatte da keinen Grund, mich wegen irgendetwas zu beschweren. Ob das heute noch so ist? Keine Ahnung! Aber zu seinerzeit standen die vier nachfolgenden Punkte ganz oben.

Vier Punkte, die unverzichtbar sind für eine Reha-Einrichtung

1. Ein Zimmer, indem man schlafen und entspannen kann. Sich halbwegs wohlfühlt und sich der geschundene Körper wieder erholt.

2. Einen auf den Einzelnen nach seiner Krankheit abgestimmten Therapieplan, der einen gesünder aus der Einrichtung entlässt und nicht noch kränker macht.

3. Kompetente Ärzte, Pflegepersonal und Physiotherapeuten, die dieser Mammutaufgabe gewachsen sind, nicht mit der Erhöhung der Medikamentendosis.

4. Damit man als Rehabilitand in gute Laune verbreitende Gesichter blickt, – von der Reinigungsfee bis hin zum Chefarzt. Die immer ein höfliches Wort für den kranken Rehabilitanden haben. Es muss Spaß machen, – gesund zu werden. Lachen ist gesund, Freunde. Das ist die beste Medizin. Auch chronisch Kranke, auch chronisch schmerzgeplagte Menschen können lachen. Glauben Sie mir ich hab's gesehen, ich hab's erlebt.

Im Endeffekt wurde auf die Belange der Rehabilitanden eingegangen und nicht auf die Gewinnmaximierung. Das erinnert mich eben an einen sehr klugen Satz, der vor langer Zeit seinen Ausspruch fand, den ich in meiner Kindheit gehört hatte und nun aktueller ist denn je.

Die Weissagung der Cree

einem indigen Volk der Indianer Nordamerikas.

> **„Erst wenn der letzte Baum gerodet, der letzte Fluss vergiftet, der letzte Fisch gefangen ist, werdet ihr merken, dass man Geld nicht essen kann".**

Diese Weissagung hat was! Oder nicht? Passt doch genau in unsere Zeit. Meint Ihr nicht auch? Denkt mal darüber nach.

Hier an dieser Stelle möchte ich einen

„Aufruf an alle Rehabilitanden/Patienten"

starten.

„Falls es Ihnen genauso ging wie mir in einer unserer Reha-Kliniken, dann schreiben Sie mir: **„Diagnose-Bandscheibenvorfall@t-online.de"**. Denn wir sind kein Freiwild, mit dem man alles machen kann. Wir müssen uns wehren!"

Meine zweite Forderung an Herrn Bundesgesundheitsminister Lauterbach

> **Sorgen Sie dafür, dass unser sauer verdientes Geld, das wir Menschen Deutschlands, tagtäglich in unser Gesundheitssystem einzahlen, auch wirklich in Reha-Kliniken investiert wird, die sich um unser Wohl sorgen. Deren Mitarbeiter den „Mensch als Mensch" ansehen und nicht als Kostenfaktor. Misten Sie den Rehabilitationssektor aus! Danke!**

An dieser Stelle noch ein Tipp von mir:

Bringen Sie in Erfahrung, welcher Arzt, welcher Neurochirurg, welche Klinik, welche Rehabilitationseinrichtung in Ihrer Nähe oder wo Sie es für vernünftig halten, zu den Besten ihres Fachs zählen. Informieren Sie sich über die Ärzte und Operationsmethoden. Bringen Sie so viel es geht in Erfahrung. Ihr Körper verdient nur die beste Behandlung.

Sie sollten es vermeiden, wahllos in die nächstgelegene Klinik etc. zu fahren, ohne zu wissen, welchen Ruf diese hat bei z. B. Wirbelsäulenoperationen, Knieoperationen usw. Welchen Ruf die Ärzte haben usw. Sie können z. B. die Qualitätsberichte/Referenzberichte aller Kliniken abfragen, die für Sie in Frage kommen. Denn seit 2005 sind die Krankenhäuser verpflichtet, diese Berichte im Internet zu veröffentlichen. Sie müssen jährlich erstellt werden. Dort können Sie z. B. die Personalanzahl einsehen, auf welche Bereiche sich die Klinik spezialisiert hat, wie viele Operationen durchgeführt wurden, aufgeschlüsselt nach ICD-Code oder OPS-Ziffern, wie viele Komplikationen sich ergaben oder was auch wichtig ist, ob eine Behandlungsmöglichkeit durch fremdsprachiges Personal gegeben ist. Hier ist ein Teilauszug eines Qualitätsberichts der Uniklinik Würzburg aus dem Jahr 2017, Abbildung 24 – 27.

Anzahl durchgeführter Bandscheibenoperationen

OPS-Ziffer	Fallzahl	Bezeichnung
5-831.0	38	Exzision von erkranktem Bandscheibengewebe: Exzision einer Bandscheibe
5-831.a	5	Exzision von erkranktem Bandscheibengewebe: Entfernung eines freien Sequesters mit Endoskopie
5-831.2	295	Exzision von erkranktem Bandscheibengewebe: Exzision einer Bandscheibe mit Radikulodekompression
5-831.3	10	Exzision von erkranktem Bandscheibengewebe: Exzision von extraforaminal gelegenem Bandscheibengewebe

Anzahl Versteifungsoperationen bzw. Verschraubung von Wirbelkörpern

5-836.31	19	Spondylodese: Dorsal: 2 Segmente
5-836.30	14	Spondylodese: Dorsal: 1 Segment
5-836.32	28	Spondylodese: Dorsal: 3 bis 5 Segmente

Anzahl Komplikationen

T89.0	7	Komplikationen einer offenen Wunde	
T81.8	4	Sonstige Komplikationen bei Eingriffen, anderenorts nicht klassifiziert	
BF26		Behandlungsmöglichkeiten durch fremdsprachiges Personal	Englisch, Französisch, Ungarisch, Spanisch, Portugiesisch, Russisch, Türkisch

Abb. 24 – 27: Teilauszüge Qualitätsbericht Uniklinik Würzburg 2017

Was ich bei diesen Qualitätsberichten allerdings vermisse und hiermit gleichzeitig fordere:

Meine dritte Forderung an Herrn Bundesgesundheitsminister Lauterbach

Das in diesen Berichten auch die Qualität der behandelnden Ärzte aufgeschlüsselt wird. Das heißt, wie viele Operationen jeder Einzelne durchgeführt hat. Welche Art von Operationen und wie hoch die Komplikationsrate ist. Quasi ein qualifiziertes Arbeitszeugnis.

Meiner Meinung nach sollte dies für alle Operateure und Anästhesisten sowohl in den Kliniken als auch in den Privatpraxen gelten. Denn sonst können wir uns nicht sicher sein, wenn wir eines Tages den Schritt gehen müssen, unseren Körper und unser weiteres Schicksal in die Hände eines Operateurs und dessen Team zu legen, – dass wir wirklich von einer 1a Fachkraft operiert werden. Denn die drei Wege, die uns zur Verfügung stehen, wie wir uns über einen Arzt informieren können, sind erstens einfach zu dürftig und zweitens können wir diesen Aussagen kaum Glauben schenken. Nur weil ein Mensch sehr gut in der Schule war oder während des Medizinstudiums, heißt dies nicht, dass er auch ein sehr guter Arzt sein muss. Der Endeffekt ist, dass wir einem Menschen blind vertrauen müssen, – von dem wir so gut wie nichts wissen. „Glück auf", kann man da nur sagen.

Drei Wege, um einen guten Operateur zu finden
- Ist das genug? -

Die drei mageren Wege, – die uns bisher zur Verfügung stehen, – sind also:

1. Der Bekanntenkreis.

Hier rät sowieso jeder was anderes. Und die, die in einer Klinik operiert wurden, wissen meist nicht mal mehr den Namen des Operateurs, der an ihnen rumgeschnippelt hat.

2. Die Bewertungen, die über Ärzte, Privatpraxen, Kliniken im Internet stehen.

Ist an und für sich eine tolle Sache. Aber man kann leider diesen Bewertungen keinen Glauben mehr schenken. Auch hier wird getrickst. Hundert Fünf-Sterne-Bewertungen kosten bei der Firma Gold Star gerade mal 879,- Euro, die von Studenten und Privatpersonen abgegeben werden. Durch die ein Arzt oder eine Klinik möglicherweise in Versuchung kommen kann, dies für ihre Zwecke auszunutzen. Nicht nur um sich besser zu machen, als man wirklich ist, sondern um gezielt schlechte Bewertungen für die Konkurrenz abzugeben. Mit dem Ziel, diese aus dem Weg zu räumen.

So bleibt uns vorerst nur ein Weg, bis mein gefordertes Bewertungssystem für Operateure und Anästhesisten auf den Weg gebracht wird.

3. Der persönliche Eindruck,

den der Arzt, nach dem fünf- bis zehnminütigen Arzt-Patienten-Gespräch, bei uns hinterlässt. Nachdem wir entscheiden müssen, ob wir einer Operation zustimmen. Das ist ein Unding meiner Ansicht nach. Wir müssen uns das mal vor Augen halten. Wir müssen solch eine wichtige und für unser Leben richtungsweisende Entscheidung, mal so mir nichts dir nichts aus dem Bauch heraus fällen. Dass dieser Mensch an uns eine Operation vollziehen darf, obwohl wir ihn erst zehn Minuten kennen. Da ist es egal, ob wir 24 Stunden oder eine Woche Zeit für unsere Entscheidung bekommen. Es wird immer eine aus dem Bauch heraus getroffene Entscheidung bleiben, solange wir nicht wissen, wie gut dieser Operateur ist. Wir brauchen unbedingt ein Bewertungssystem für Operateure. Uns muss bewusst werden, dass wir nur diesen einen Körper haben. Und dieser verdient nur die beste Behandlung. Es war immer so und es wird immer so bleiben, dass wir uns auch für alles Geld der Welt keinen neuen Körper kaufen können. Unser

Körper ist unser Haus. Das müssen wir täglich hegen und pflegen. „Deshalb kann und darf es so nicht mehr weiter gehen!" Oder ist uns alles egal geworden? Stellen Sie sich nur mal die Frage: „Würden Sie einen wildfremden Menschen, den Sie gerade mal 5 bis 10 Minuten kennen, ihr Auto leihen? Wohl kaum! Aber einen Menschen, den Sie nicht kennen, lassen Sie an Ihrem Körper rumschnippeln mit fraglichem Ausgang. Ist schon komisch, oder nicht!? Gleiches gilt auch für eine geeignete Rehabilitationseinrichtung. Erkundigen Sie sich bereits im Vorfeld. Stöbern Sie auf deren Webseite. Lesen Sie Erfahrungsberichte. Aber wägen Sie ab, ob diese schlüssig sind. Ihr erstes Augenmerk sollte dabei nicht auf die Qualität des Essens fallen, sondern auf den medizinischen Bereich, die Qualität der Anwendungen und der Physiotherapeuten und vielleicht noch, ob die Zimmer hell und freundlich eingerichtet sind. Wenn Sie sich nun entschieden haben und Auto fahren können, dann fahren Sie einfach mal hin und schauen sich in der Einrichtung um. Sprechen Sie dort mit den Rehabilitanden. Dies ist so enorm wichtig. Glauben Sie mir, Sie werden mir danken für diese Ratschläge, wenn Sie irgendwann mal in die Verlegenheit kommen sollten, einen anderen Menschen zu brauchen bzw. ihm bedingungsloses Vertrauen entgegenbringen zu müssen.

Eins hab ich noch ☺

Haben Sie gewusst, dass es in Deutschland seit 2004 für sieben komplizierte Operationsarten eine sogenannte „Mindestmengenregel" eingeführt wurde? Wahrscheinlich nicht? Das bedeutet, dass beispielsweise beim Einsetzen von Kniegelenksprothesen der Arzt/Klinik eine bestimmte Anzahl von diesen Eingriffen durchgeführt haben muss, bevor die Operationstechnik angepriesen werden darf. „Traurig, aber wahr", sogar da wird beschissen. Dies ist durch eine Analyse des **Science Media** Centers und der Weissen Liste belegt. 40 Prozent, also 458 von 1.152 Kliniken (39,7 Prozent) führten 2017 komplexe Eingriffe durch, obwohl sie die vorgegebenen Fallzahlen unterschreiten.

Wem kann man denn noch trauen in unserer geldgierigen Gesellschaft??? Ziel der Regelung war es, die Qualität der stationären Behandlungen zu verbessern. Denn es ist belegt, dass es in Krankenhäusern mit höheren Fallzahlen seltener zu Komplikationen und Todesfällen kommt.

So liebe Leserinnen und Leser, was halten Sie davon, was Sie bisher gelesen haben? Was halten Sie nun von unserem Gesundheitssystem? Denken Sie genauso wie ich? Das unser System krankt an allen Ecken und Enden. Dass man Angst haben muss, zum Facharzt zu gehen. Haben Sie sich auch gefragt, wie wir das System ändern können, dass der Patient wieder an erster Stelle steht? Wie wir dieses geldgierige System aufhalten können? Dann sind wir schon zwei.

Das System zu ändern ist schwierig, aber machbar. Wir müssen uns Gehör verschaffen und selbst Lösungsvorschläge bringen. Helfen Sie mit, Vorschläge zu bringen, die wir gemeinsam an unsere Regierung überbringen können. Hier sind ein paar Lösungsvorschläge von mir, wie wir anfangen können, einiges am Gesundheitssystem zum Positiven zu verändern.

Kapitel 4
Vorschläge zur positiven Veränderung des Gesundheitssystems

Die Hauptursache für Operationen:

ist nach meiner Meinung das „**mangelnde Wissen**", welches wir alle an den Tag legen, was die Empfindlichkeit unserer Wirbelsäule, unserer Bandscheiben, unseres ganzen Körpers betrifft. Das mangelnde Wissen zieht sich durch alle Schichten unserer Industrienation, von ganz oben bis nach ganz unten, d. h. vom Bundeskanzler bis zum Direktor einer Schule, vom Beamten bis zum Arbeiter, über Dich und über mich. Sonst würden wir viel mehr auf „Prävention" (Vorbeugemaßnahmen) Wert legen. Wir würden beispielsweise unsere Kinder nicht 9 – 12 Jahre auf die Folterbank schicken. Auf die Folterstühle und Folterbänke, dem rückenfeindlichen Mobiliar in der Schule. Wir würden nicht unseren kleinen Kindern, unseren stolzen Grundschulkindern helfen, die schweren Büchertaschen, diese viereckigen Kästen, die heutzutage über 150,- € kosten, auf ihre kleinen im Wachstum befindlichen Rücken zu pflanzen. Wir würden auch nicht dabei zuschauen, wie unsere heranwachsenden Kinder ihre schweren Rucksäcke aus „Coolness" über eine Schulter hängen, auf dem Schulweg in die weiterführende Schule und dadurch eine falsche einseitige Belastung für die Bandscheiben hervorrufen. Denn auf meiner Reise durch die vielen Bücher und Artikel über Bandscheibenschäden und ihrer Auslöser, die ich in den letzten Monaten gelesen habe, sind mir folgende Sätze eines Artikels besonders in Erinnerung geblieben:
(Bitte lesen Sie die nun folgenden Sätze genau durch und halten Sie etwas inne, – um darüber nachzudenken, – bevor Sie weiter lesen).

Hier mal ein Artikel zum Nach- und Umdenken, was durch mangelndes Wissen passiert:

„Wir stecken unsere Kinder in eine Zwangshaltung, die den Grundstein für Rückenleiden legt. Bei Kindern wachsen die Wirbelkörper noch und reagieren sehr empfindlich auf einseitige Belastung wie stundenlanges Sitzen. Sitzt ein Kind immer wieder lange Zeit nach vorn gebeugt, werden vorwiegend die vorderen Abschnitte der Wirbelkörper belastet. Dadurch wird ihr Wachstum an dieser Stelle frühzeitig gestoppt, hinten wachsen die Wirbel jedoch weiter. Dadurch entwickelt sich ein Rundrücken. Diese Haltungsschwäche wird schließlich zu einem Haltungsschaden, der nicht mehr zu beheben ist.

Vor allem in den weiterführenden Schulen sehen wir, dass Kinder mit 150 Zentimeter Körpergröße in derselben Bestuhlung sitzen wie Kinder mit 175 Zentimeter. Des Weiteren haben 55 Prozent der Kinder deutliche Haltungsschwächen. Beugt man im Kindesalter gegen Haltungsschwächen vor, erspart man sich im Erwachsenenalter viele körperliche Beschwerden" berichtet Dr. Oliver Ludwig der wissenschaftliche Leiter des Kid-Check Teams der Universität des Saarlandes

Haben Sie den Schlag ins Gesicht gespürt!?

Wenn ich daran denke, wie ich es zuließ, dass meine drei Töchter gezwungen wurden, während ihrer Wachstumsphase sechs bis acht Schulstunden auf diesen „Folterstühlen", in „unnatürlicher Haltung" zu verharren, dann wird es mir speiübel. Und das ich auch noch selbst dabei geholfen habe, meinen Kindern die schweren Büchertaschen, die zum Teil zehn Kilogramm wogen, auf ihren kleinen, im Wachstum befindlichen Rücken aufzusetzen, weil sie es alleine nicht geschafft hatten, dann könnte ich heulen, wenn ich daran denke. Echt! Nur um diese schweren Lehrbücher hin- und herzuschleppen. Auch hier hat meine Unwissenheit eine große Rolle gespielt. Oder, weil ich glaubte, dass es normal ist. War ja bei uns genauso.

Wissen Sie, es ist einfach zu sagen:

„Jeder Person, die meinem Kind Schaden zufügt, egal auf welche Art und Weise, werde ich ...?

Diesen Satz können Sie selbst beenden. Ich auf jeden Fall muss mich bei meinen Kindern entschuldigen und hoffe nur, dass ich nicht dabei behilflich war, den Grundstein für folgenreiche Bandscheibenschäden in der Zukunft zu legen. Das könnte ich mir nie verzeihen!

Und jetzt schauen Sie sich mal den Lehrplan Ihres Kindes an. Was fällt Ihnen auf? Meiner Meinung nach wird ziemlich viel „Mist" gelehrt, dass unsere Kinder im Erwachsenenleben niemals mehr brauchen werden. Geschweige denn anwenden könnten, weil sie es sowieso nicht mehr wissen und dafür machen sich unsere Kinder krumm und bucklig. Unglaublich!

Unseren Kindern wird im Laufe ihrer schulischen Laufbahn so viel unnötiges Wissen eingetrichtert, – dass sie nicht interessiert und auch keinen anderen Menschen – nach der Schulzeit. Es ist so immens viel Lehrmaterial dabei, das nur einige Tage in den Köpfen unserer Kinder verbleibt. Und zwar genau bis zum Tag der Prüfung. Es läuft immer nach dem gleichen Schema ab: Unsere Kinder hämmern sich den unnötigen Lernstoff ins Kurzzeitgedächtnis, nur um für die Prüfung – die Momentaufnahme – gerüstet zu sein und danach wird das Gelernte ganz schnell wieder vergessen. Wissen Sie, wie sich diese Art der Lernmethode nennt?

„Bulimie-Lernen!"

Oder treffend formuliert: „Reinfuttern, ausspucken, vergessen".

Wie oft hatte ich bzw. musste ich dieses „Bulimie-Lernen" in meiner schulischen, beruflichen Laufbahn und selbst während meiner Umschulung zum IT-Systemkaufmann anwenden z. B. in Geschichte (irgendwelche Jahreszahlen mit Ereignissen auswendig lernen), in Musik (komische Lieder), in Religion (irgendwelche ellenlange Bibeltexte) oder in Betriebswirtschaftslehre so viel Käse, den ich im wahren Logistik- bzw. Berufsleben niemals anwenden musste usw. und so fort.

Wie oft haben **Sie** etwas auswendig gelernt, zum Teil nicht verstanden, was Sie da gelernt haben und ein paar Tage nach der Prüfung wieder vergessen? Stellen Sie sich mal diese Frage! Da kann man nur sagen, unser Schulsystem krankt. Das, was wirklich wichtig ist, wie beispielsweise „Achtsamkeit und Wertschätzung" gegenüber dem eigenen Körper, rückengerechtes Verhalten, richtige Ernährung etc. – davon steht so gut wie nichts im Lehrplan. Und wenn was drin steht: sind es meist irgendwelche Aktionstage.

Und warum ist das so?

WEIL DER WIRTSCHAFTSZWEIG MEDIZIN EIN WACHS- TUMSMARKT IST UND JEDER EIN STÜCK VOM GROßEN KUCHEN HABEN MÖCHTE!!!

Stellen Sie sich mal vor, wir würden durch richtige und sich ständig wiederholende Aufklärung und Vorbeugung (Prävention) vom ersten Tag des Schulbeginns, die jährlichen Gesundheitsausgaben für unsere Volkskrankheiten wie Rückenleiden –> Gesamtkosten ca. 53 Milliarden Euro, angefutterten Diabetes Typ 2 (Zuckerkrankheit) –> Gesamtkosten ca. 35 Milliarden Euro, oder die Ausgaben für zahnärztliche Behandlungen von rund 15 Milliarden Euro (Karies und Co. lässt grüßen) auf ein Minimum senken. Was wären die Konsequenzen? Eine hätte ich schon!

Dann hätte unser Staat sehr viel Geld übrig für sinnvolle Ausgaben. Beispielsweise für rückengerechte Bestuhlung und höhenverstellbare Einzeltische in den Klassenzimmern. Geld für gesunde Ernährung vom Kindergarten bis in die letzten Jahrgänge. Geld zur Aufklärung über die Wertschätzung des eigenen Körpers und und und.

Ich bin der Meinung, wenn wir unseren Kindern vom Kindergarten bis in die neunte Pflichtjahrgangsstufe und darüber hinaus ein achtsames Verhalten gegenüber ihren Körpern ins Unterbewusstsein bringen, – ich meine dieses Unterbewusstsein, – dass uns beispielsweise darin erinnert, das Licht auszumachen, wenn wir einen Raum verlassen oder die Kühlschranktür zu schließen, nachdem wir etwas rausgeholt haben, weil es uns unsere Eltern im Kindesalter immer und immer wieder gesagt haben (Ich denke, Sie kennen diese Stimme). Dann denke ich, dass dadurch viele Krankheiten weitestgehend ausgemerzt und viele Schmerzen nicht mehr in Erscheinung treten würden und somit dem Operationswahnsinn entgegengewirkt werden könnte. Wo keine Schmerzen sind, da auch keine Operationen.

Wir dürfen nicht nur Ärzte ausbilden, um die Symptome einer Krankheit zu bekämpfen, sondern wir müssen anfangen die Ursache, – die Wurzel des Übels (sorry für die Wortwahl), den Menschen, (den Patienten von morgen) auszubilden. Und das geht!!! Wir müssen einfach viel mehr Wissen, rund um unseren Körper in den Lehrplan schreiben. Wie die "Volkskrankheiten" entstehen und wie Sie verhindert werden können. Wie wir achtsam mit unserem Körper umgehen. Wir müssen das achtsame Verhalten in das Unterbewusstsein von uns und unseren Kinder bringen. Wir müssen die mahnende Stimme im Hinterkopf mit richtigen Verhalten füttern. Es geht. Da hab ich ein kleines Beispiel von der Bundeswehr. Ich könnte nach 28 Jahren immer noch ein Gewehr „G3" auseinanderlegen und wieder zusammenbauen, weil wir es immer und immer wieder geübt haben. Ist vielleicht nicht das passende Beispiel, aber es ist so. Wir müssen uns und unseren Kinder immer wieder das richtige Verhalten beibringen. Präventionsmaßnahmen usw. Das geht! Da bin ich mir sicher. Oder wollen Sie, dass ihr Kind demnächst unterm Messer eines umsatzgeilen Arztes liegt? Kann ich mir nicht vorstellen. Das kann aber passieren. Dieses Thema geht uns Alle an!!! Aufwachen!!!

Ich denke nicht, dass Sie Ihrem Kind meine Definition von Schmerz wünschen! Deshalb nochmal zur Erinnerung:

Meine Definition von Schmerz!

> **„Schmerz ist ein gnadenloses, heimtückisches und ständig auf der Lauer liegendes Monster, das sich in den verschiedensten Schmerzstärken und Schmerzarten, fern jeglicher Vorstellungskraft, tief in deinen Körper, deinen Verstand und in deine Seele frisst, um Dich langsam ‚Stück für Stück' von innen heraus zu zerreißen und somit an den Rande des Wahnsinns oder in den Tod zu treiben".**

Noch was zum Nachdenken:

Am Schluss dieses Buches sind die neuen Zahlen für Gesundheitsausgaben reingekommen und die Operationszahlen: Schnallen Sie sich an.

Gesundheitsausgaben im Jahr 2020 bei 83,2 Millionen Einwohnern:

441 Milliarden

Trotz sinkender Anzahl an Prozeduren und Operationen (Coronabedingt). Komisch?

Anzahl Operationen:	15,8 Millionen
Anzahl Prozeduren:	43,8 Millionen
Gesamt:	**59,6 Millionen**

Zum Vergleich Gesundheitsausgaben: 2019 bei 83,2 Millionen Einwohnern:

411 Milliarden

Anzahl Operationen: 17,2 Millionen
Anzahl Prozeduren: <u>42,9 Millionen</u>
Gesamt: **60,1 Millionen**

Das mit den weniger Operationen und das trotzdem noch 30 Milliarden Euro mehr ausgegeben wurden, lässt mich nicht los. Da stimmt doch was nicht!? Da werde ich noch tief graben, glauben Sie mir. Auch die Schätzung der Gesundheitsausgaben für 2021 sind der Hammer: 465 Milliarden Euro! Schluck! Das schreit nach Prävention. Ganz klar!

Eine Frage stellt sich mir aber heute schon: „Wo sind die 30 Milliarden hingekommen?"

Alles nur für Beatmung, Impfzentren, Impfen, Tests, Masken usw. Wahnsinn!? **Kann das sein?** Da hat sich manch einer eine goldene Nase verdient, wenn ich nur daran denke, dass der Bund für die Maskenverteilaktion über die Apotheken Ende 2020 rund 2,5 Milliarden Euro einkalkulierte. Die wahrscheinlich nicht mal ausgereicht haben bei einem Verkaufspreis je Maske von 6,- Euro inkl. Umsatzsteuer!!!
Die Vergütung von 6,- Euro je Maske inklusive Umsatzsteuer sei auf eine vom Ministerium in Auftrag gegebene Markterhebung zurückgegangen. Die Wirtschaftsprüfungsgesellschaft EY habe hierfür nur eine Sichtung des Marktes übernommen. Berücksichtigt worden seien unter anderem Kosten für Beschaffung, Beratung von Kunden und teils nötige Umverpackung. Unglaublich! 6,- Euro je Maske. Waren die mit Goldstaub benetzt? Die schmeißen mit unserem Geld um sich, wie die Aristokraten vor der Französischen Revolution im Jahr 1789. Wie lange kann das noch gut gehen? Die verprassen das Geld, wie es reinkommt. Schrecklich! Wenn wir als Privatverbraucher so handeln würden, wären wir nach einem Jahr in der Privatinsolvenz.
Das ist genauso unglaublich, wie Herr Spahn, damaliger Bundesgesundheitsminister beim Rennen um den Impfstoff immer wieder in den Interviews die Fa. CureVac hervorgehoben hatte und es tunlichst vermied von „Biontech" zu sprechen. Ich frage mich heute noch, warum er das getan hat. Auf jeden Fall hat es den Aktienkurs enorm angehoben und wohl dem, der die Aktien zum Einstiegskurs gekauft hatte oder

irgendwie anderweitig günstig an die Aktien gekommen ist. Ich hatte zu seinerzeit sehr genau das Rennen um den Impfstoff verfolgt. Den großen drei: Biontech, Moderna und CureVac. Na ja, heute hört man nichts mehr von CureVac. Der Aktienkurs ist auch von 110,- Euro sehr stark abgesackt. Heute ist so eine Aktie knappe 15,- Euro wert. Ach ja, übrigens der Impfstoff von CureVac sollte zwar nicht der am schnellsten gefertigte Impfstoff sein, aber dafür der Beste. 48 Prozent Wirksamkeit. Da kann Biontech und Moderna nur müde lächeln. Die Bundesregierung ist seinerzeit mit 300 Millionen Euro in das Unternehmen eingestiegen und hält jetzt 16 Prozent von nichts. Was produziert den jetzt CureVac? Keine Ahnung, soweit ich weiß, forschen die noch am mRNA-Impfstoff – bloß für was für eine Variante? Delta, Omikron, XX oder XXX oder XXXX-Variante? Keine Ahnung. Aber ich hab irgendwo noch einen Bericht gelesen, dass die Bundesregierung auch eine Vorauszahlung von 450 Millionen Euro für die damals georderten Impfstoffdosen getätigt hatte. Das ist schon eine Menge Geld für nichts. Und die Gewinne durch die Aktienverkäufe darf man nicht vergessen. Wir werden abgezockt. Unglaublich. Keinen interessiert es! Vielleicht schließt ja dieses Unternehmen demnächst seine Pforten? Mann, Mann, Mann, da frag ich mich doch, was in Deutschland los ist?

Bevor ich nun zum Brainstorming komme, das ich anfange und bei dem sich hoffentlich genügend Menschen beteiligen, um den Karren aus dem Dreck zu ziehen, möchte ich Ihnen noch eine kleine Geschichte erzählen. Eine etwas seltsame Geschichte und zwar:

„Wie der Bock zum Gärtner wurde!"

Es war einmal ein gelernter Bankkaufmann namens „Jans Hahn", der in seinem Beruf erfolgreich war und ein sehr gutes Verhältnis zu seinem Chef hatte. Eines schönen Tages holte sein Chef ihn in sein Büro und sagte: „Lieber Jans", ich kenne dich jetzt schon einige Jahre und bin von deiner Arbeitsweise sehr begeistert. Weil du mir immer so gut gedient hast, habe ich meine Beziehungen bei einem alten Freund spielen lassen. Dieser ist Geschäftsführer der Deutschen Bundesklinik für Wirbelsäulenchirurgie und sucht einen Chefarzt in der Neurochirurgie, ohne Vorkenntnisse in dem Beruf. Du wirst mit dem Vierfachen deines derzeitigen Gehaltes eingestellt. Der einzige Nachteil ist, dass du einen befristeten Arbeitsvertrag von vier Jahren bekommst. Sollte der Arbeitsvertrag innerhalb der vier Jahre aus welchen Gründen auch immer frühzeitig aufgelöst werden oder nach Ablauf der vier Jahre nicht verlängert wer-

den, dann bekommst du eine Abfindung in Höhe von ca. 40.000,-
Euro Überbrückungsgeld. Bei 18 Jahren Klinikzugehörigkeit sind es
knapp 180.000,- € und du erwirbst jedes Jahr einen Rentenanspruch von 250,- €. Das sind doch Leckerbissen, oder nicht? Ich
erwarte auch keine Gegenleistung von dir. Außer vielleicht, dass du
an mich denkst, wenn du mal einen Unternehmensberater suchst.
Denn ich hab seit einigen Tagen noch eine Beratungsfirma mit allen möglichen Spitzenkräften am Start. Du kennst es ja. Eine Hand
wäscht die andere, wie man so schön sagt. Ach ja, und mach dir
keine Sorgen, dass bisschen Doktor spielen schaffst du mit links,
da bin ich überzeugt von.

*„Glaubst Du lieber Leser, dass der gelernte Bankkaufmann den
Beruf als Chefarzt mit links meistern könnte, mit allem, was so dazu
gehört? Nein? Ich auch nicht".*

Und sein neuer Chef, der Geschäftsführer der Deutschen Bundesklinik, auch nicht. Deswegen hatte er ihm an seinem ersten Arbeits-
tag Folgendes mitgeteilt: „Lieber Jans, – Willkommen im Team!"
Mach dir keine Sorgen. Du kriegst die beste Unterstützung, die du
für Geld bekommen kannst. Die Kassen sind randvoll mit Geld. Du
darfst dir ein „Heer" an externen Beratern in dein Team holen, um
deine neue Aufgabe so gut es geht zu erfüllen. Vielleicht kennst du
ja sogar ein gutes Beratungsunternehmen. (Was für ein Zufall: Sein
ehemaliger Chef hat eine Beratungsfirma). Übrigens: Falls dir mal
ein Missgeschick passieren sollte, in Bezug auf eine verpfuschte
Operation, dann haben wir hier die besten Rechtsanwälte in unseren Reihen. Die Boxen dich sicherlich raus. Sollte es doch mal richtig eng werden, dann suchen wir uns schon ein „Bauernopfer", das
anstatt deiner dran glauben wird. Die vier Jahre kriegst du schon
irgendwie rum, um so viel Geld wie möglich abzugrasen. Und wegen der Vereidigung, die heute noch auf den Plan steht, die
brauchst du nicht ernst nehmen. Die paar Wörter, die du da runter-
leierst wie z. B.

„Ich schwöre, dass ich meine Kraft dem Wohle des Patienten wid-
men, seine Gesundheit wieder herstellen (oder, auch nicht), Schaden von ihm wenden, die Verfassung und Rechte der Klinik wahren
und verteidigen, meine Pflichten gewissenhaft erfüllen und Gerech-
tigkeit gegenüber allen Patienten üben werde."
Das interessiert eh keinen aus der Bundesklinik. Ehre und Gewissen brauchen wir hier nicht. Das ist fehl am Platze. Damit kommst

du nicht weit im Leben. Und was juckt dich dein Geschwätz von gestern. Das ist nur um die Schafe, äh Entschuldigung, die Patienten im Glauben zu lassen, dass du sie respektierst und alles tun wirst, um denen ein besseres Leben zu ermöglichen. Was du natürlich nicht machst! Wer sind wir denn? Wir sind doch nicht bei der Wohlfahrt. Bei uns in der Klinik heißt es Ellenbogen ausfahren, – wie du es schon in der Grundschule gelernt hast. Wer zuerst kommt mahlt zuerst! Und denk immer dran, solange Du deine Arbeit machst ist es egal ob du Pfusch baust oder nicht, nach den vier Jahren interessiert das eh keine „Sau", äh Menschen mehr.

Glaubst du, Jans, der gelernte Bankkaufmann, kann unter Anweisung der externen Berater, die er von seinem ehemaligen Chef für einen sehr hohen Millionenbetrag angeheuert hat, seine erste endoskopische Bandscheibenoperation an der Wirbelsäule eines Patienten alleine durchführen? Ja? Nein? Ich sage: „Auf jeden Fall". Ob das Ergebnis so ausfällt, wie es sich der Patient erhofft, ist allerdings mehr als fraglich. Ich denke, Jans wird möglicherweise sehr großen Schaden an dessen Körper hinterlassen, – aber das ist nicht relevant. Das Wichtigste ist: Jans hat es versucht und seine Arbeit nach besten Wissen und Gewissen erledigt.

Nun ist es tatsächlich so gekommen. Jans hat bei seiner ersten Operation alles falsch gemacht, was er nur falsch machen konnte. Aber! Der Patient lebt und das ist, wie bereits gesagt, das Wichtigste. Auch der Geschäftsführer hält Wort: Er hat es geschafft, dieses „Missgeschick" von Jans unter den Teppich zu kehren. Er hat genau nach der Verfassung der Klinik gehandelt und treu dem Motto: „Was in der Deutschen Bundesklinik passiert, bleibt in der Deutschen Bundesklinik". Doch damit sich solch ein Ereignis nicht wiederholt und kein Schmerzensgeld mehr gezahlt werden muss (unter der Hand versteht sich), haben sich Jans und der Geschäftsführer laaaange mit der Frage beschäftigt: „Wie können wir in Zukunft solche bösen Fehler vermeiden?" Da kam der Geschäftsführer auf die glorreiche Idee, die ihresgleichen sucht. „Jans, wir haben Geld ohne Ende". Wir stellen einfach einen fähigen Neurochirurgen ein, der für dich die Operationen durchführt. Wichtig an der Sache ist, ihn als Unternehmensberater in unseren Finanzbüchern erscheinen zu lassen. Es darf keiner merken, dass du branchenfremd bist und von den Aufgaben als Chefarzt nicht den Hauch einer Ahnung hast. Hmm, dann stellen wir doch lieber zwei

Neurochirurgen ein, die deine Arbeit erledigen. Auf eine Million rauf oder runter kommt es auch nicht mehr an. Dann kannst du dich bei den Operationen entspannt zurücklehnen. Die Jungs machen das schon für dich. Das Einzige, was du jetzt noch machen musst, ist dich so gut es geht vor den Patienten zu verkaufen. Sie dürfen nicht merken, dass du keine Ahnung von deiner Arbeit hast. Aber das kannst du ja. Du kannst sehr gut um den heißen Brei reden und die Schafe so einlullen, dass sie nach der Zeit alles glauben, was du ihnen erzählst. Sogar, dass der schwarze Tisch, „rot" ist. Wir kriegen das hin! Übrigens Jans, mein Bruder arbeitet bei einem Pharmaunternehmen, wäre schön, wenn du da einige Großbestellungen auslöst. Du weißt ja, würde ich als Geschäftsführer die Bestellungen auslösen, hätte das einen faden Beigeschmack. Vielleicht hast du ja auch einen Freund der FFP2-Masken herstellt, dort würde ich die Bestellungen im großen Stil auslösen. Die Qualität spielt dabei keine Rolle. Die können wir den Patienten zweiter Klasse andrehen. Noch was ganz dringendes, – ein paar Jobs werden demnächst frei, – vielleicht hat jemand aus deinem Bekanntenkreis Lust mit uns zusammenzuarbeiten.

Die Moral von der Geschicht:
„Ehre und Gewissen" lohnen sich nicht.

Glaubst Du, Jans der Planlose, würde einen guten Chefarzt abgeben, mit all der Hilfe, die er bekommt?

Gut, dass wir das nicht herausfinden müssen. Gott sei Dank, war das nur eine Geschichte. Stell Dir mal vor, das gäbe es in der Realität. Dass Menschen hohe Verantwortung tragen, obwohl sie keine Ahnung vom Kern ihres neuen Jobs haben. Das wäre sicherlich eine Katastrophe für eine Klinik, für ein Unternehmen, für ein Land. Oder nicht!? Dann könnten gwiefte Unternehmensberater diesen planlosen Menschen etwas vom Pferd erzählen und die Fäden ziehen, um ihre Marionette immer schneller nach ihrer Pfeife tanzen zu lassen.

„Hmm, umso mehr ich darüber schreibe, umso mehr ich darüber nachdenke, – das gibt es doch wirklich!" Stimmt ja. In Deutschland gibt es das. Ich Esel. Ich schreibe und schreibe an dieser Geschichte, dabei hätte ich nur an die Vergabe der Ministerposten in unserem schönen Land denken müssen. Ich dummer, dummer Esel!

Trotzdem bin ich froh, die Geschichte geschrieben zu haben. Denn man kann in ihr erkennen, warum die Kosten in unserem reichen Land explodieren. Warum die Kosten in unserem Gesundheitssystem mit 441 Milliarden Euro aus dem Ruder gelaufen sind. Warum wir Freiwild für operationswütige Ärzte wurden. Warum Pharmafirmen, Fleischgiganten usw. das Sagen haben in unserem Land. Warum sich keiner der Gesundheitsminister/innen an die Abschaffung des DRG Systems gewagt hat.

Weil sie keine Ahnung vom Kern ihres Jobs hatten und deshalb den „edlen" Absichten ihrer Berater vertrauen mussten. Sie alle konnten deshalb nicht sehen, wann sie über den Tisch gezogen wurden. Beispielsweise haben sie freudestrahlend 1,073 Milliarden Euro in der Zeit vom 24. Oktober 2017 bis zum 31.07.2021 in die nimmersatten Mäuler ihrer falschen Berater geschmissen. Das Geld, das **WIR**, die Bevölkerung dieses Landes im Angesicht von Schweiß, Blut und so mancher Träne, so hart erwirtschaftet haben.

„Den Bock zum Gärtner machen!"

„Tststs". Das erklärt auch die marode und schlechte Ausrüstung für die Soldaten der Bundeswehr, die uns im Verteidigungsfall schützen sollen. Die unser aller Land mit vorsintflutlichen Gerätschaften verteidigen sollen, wo sich jeder ernsthafte Aggressor schlapp lachen wird, sobald er unseren Berufssoldaten gegenübersteht. Fraglich ist, ob überhaupt noch ein Soldat gegenübersteht, da keiner mehr zur Bundeswehr gehen will. Da erhält der wunderbare Friedensspruch „Stell Dir vor, es ist Krieg, und Keiner geht hin" eine ganz andere Bedeutung. Und das nur, weil ein damaliger Hoffnungsträger, einer der wenigen Minister, – die bei der Bundeswehr gedient haben, – als Verteidigungsminister den Weg ebnete, die mehr als sinnvolle Wehrpflicht auszusetzen. Na ja, dieser Mann hatte sich zu seiner Zeit nicht nur damit einen Namen gemacht, sondern war auch für ein neues Wort im Deutschen verantwortlich: „Geguttenbergt". Sagt schon alles oder nicht? Schade eigentlich, damit meine ich beides. War ein guter Mann in der Politik. Davon hätten sich die „betriebsfremden" Damen und Herren, die vor ihm und nach ihm dran waren und als Verteidigungsminister/in vereidigt wurden, eine Scheibe abschneiden können. Dann wäre vielleicht das ein oder andere Großprojekt für Rüstungsausgaben zu unserer Verteidigung nicht als „Milliardengrab" in die Geschichte eingegangen.

Mein Angebot an Herrn
Bundesgesundheitsminister Lauterbach:

Da ich jetzt weiß, dass in den Bundesministerien bevorzugt im Gesundheitsministerium Menschen saßen, die keine Ahnung vom Kern ihrer Aufgabe hatten, möchte ich mich hiermit in die Riege der Berater für den zukünftigen Bundesgesundheitsminister einreihen. Anders als die Berater, die Milliardensummen abgrasen, möchte ich Ihnen kostenlos, – soweit es mir gesundheitlich möglich ist, – zur Seite stehen, um dieses krankmachende DRG-System und den daraus resultierenden Operationswahnsinn zu stoppen.

„Entschuldigung!" – zur Seite stehen, ist nicht ganz richtig. Meist liege ich aufgrund starker Schmerzen. Aber trotzdem würde ich Ihnen die maximal zwei Stunden – an manchen Tagen auch weniger – schenken, die ich zur Verfügung habe produktiv zu arbeiten. Deshalb, lieber Herr Bundesgesundheitsminister Lauterbach, möchte ich mit einer Art Brainstorming beginnen, um schleunigst von diesem Operationswahnsinn wegzukommen.

Brainstorming

Meine Stichpunkte zum Nachdenken, um den Karren aus dem Dreck zu ziehen. Ich bitte Sie alle, liebe Leser Ihre Vorschläge an meine E-Mail Adresse zu senden. Ich werde sie alle an Herrn Lauterbach einsenden. Vielen Dank!

1. Wo stehen wir aktuell?

Kurz vorm Kollaps: (Zahlen aus dem Jahr 2019)

- ➤ 411 Milliarden Euro Gesundheitsausgaben
- ➤ 40 Milliarden Euro Ausgaben für Reha und Teilhabe

- ➢ 19 Milliarden Euro Erwerbsminderungsrente
- ➢ 149 Milliarden Euro Ausfall an Bruttowertschöpfung

> **Gesamt:** 619 Milliarden Euro. In DM ausgedrückt etwas mehr als 1.210 Milliarden Deutsche Mark. Umgerechnet in Millionen bzw. DM-Millionäre:
> 1.210.000 = Eine-Million-Zweihundert-Zehntausend –> Mir wird schwindelig! Ich habe hier nur vier Zahlen aufgeführt, bei denen der Operationswahnsinn maßgeblich beteiligt ist. Die anderen dürfen Sie gerne ergänzen.

- ➢ Ausgaben für falsche Beratung: 1,073 Milliarden Euro in der Zeit vom 24. Oktober 2017 bis zum 31.07.2021
- ➢ Kliniksterben
- ➢ Ärztemangel
- ➢ Pflegekräftemangel
- ➢ Facharbeitermangel
- ➢ Ausbildung der Ärzte, um die Symptome einer Krankheit zu beheben.
- ➢ Nachrückende „Null-Bock-Generation".
- ➢ Generation „Weichei" –> Helikoptereltern.
- ➢ Generation „Burn-out".
- ➢ Arbeiten am Limit, Überlastung, Stress und Hektik.
- ➢ Viele Menschen haben keinen Spaß mehr am Leben.
- ➢ Volkskrankheiten (Rückenschmerzen, Depression, Diabetes)
- ➢ Generation Fertigpizzen, Fertiggerichte, Tütensuppen, Fleisch im Übermaß und Süßigkeiten bis zum Abwinken.
- ➢ Unser Essen macht uns krank.
- ➢ 1,96 Millionen „Tablettenabhängige".
- ➢ 1,775 Millionen „Erwerbsminderungsrentner".
- ➢ 3,82 Millionen „Empfänger Arbeitslosengeld II".
- ➢ 0,67 Millionen „Empfänger Arbeitslosengeld I".
- ➢ Falsche Wertevermittlung –> Sterbender Sozialstaat.
- ➢ Gewissen ausschalten –> Erfolg haben.
- ➢ Deutschland –> Ein großes Haifischbecken.
- ➢ Deutschland –> Ein Spiegelbild der USA.

- ➢ Kapitalismus versus Hartz IV.
- ➢ Gier versus Kampf um die Existenz (Villen und Yachten versus Rentner als Pfandflaschenjäger, hungernde Menschen).
- ➢ Oberschicht –> Mittelschicht –> Unterschicht –> ausgegrenzt (Ein modernes Kastensystem in Deutschland im Vergleich zu Indien).
- ➢ Ellenbogengesellschaft (Kindergarten bis ins hohe Alter –> durch alle Gesellschaftsschichten).

Was ist das?

Das Schlagwort **Ellenbogengesellschaft** oder auch Ellbogengesellschaft ist im ausgehenden 20. Jahrhundert entstanden und wurde 1982 zum Wort des Jahres in Deutschland gewählt. Das Wort ist abgeleitet von der Redewendung **Ellenbogen benutzen** im Sinne vom Einsatz der Ellbogen etwa beim Vordrängeln, bei Raufereien oder in sportlichen Wettkämpfen zur Behinderung aufrückender Konkurrenten. Als Ellbogengesellschaft wird eine als abzulehnend verstandene Gesellschaftsordnung bezeichnet, die auf Egoismus, Konkurrenz, Rücksichtslosigkeit und Eigennutz basiert und bei der also die sozialen Denkweisen und Verhaltensnormen unterentwickelt sind. (Definition: Wikipedia)

- ➢ Hass, Neid, Missgunst, Mobbing, Ausgrenzung, Zukunftsängste etc.
- ➢ Scheuklappengesellschaft
- ➢ Großstädte der Gewalt.
- ➢ Wohnungsnot
- ➢ Schuldenhaushalt Stand 30.06.21: 2.251.800.000.000 Euro (Pro-Kopf-Verschuldung: 27.090 Euro) WARUM?
- ➢ Wer hat wirklich die Macht in Deutschland?
- ➢ Anständige Arbeit lohnt sich nicht mehr.
- ➢ 9,60 Euro Mindestlohn 2021: Kann ein Bundestagsabgeordneter überhaupt noch nachvollziehen wie schwer 9,60 € verdient sind?
- ➢ Durchschnittseinkommen aller Arbeitnehmer 2020: 47.700,- Euro im Jahr. Kann mir jemand zeigen, wer so viel Geld verdient? Meine Nachbarn sind es nicht, meine Bekannten auch nicht und auch niemand aus meiner Familie!
- ➢ **Schulsystem veraltet –> Lehrmethoden und Lehrstoff!**

- Schule demotiviert, indem sie die Schwächen unserer Kinder gezielt offenbart und diese auch noch schlecht benotet.
- Einteilung unserer Kinder in Durchschnitt sowie über und unter dem Durchschnitt –> Förderung von Mobbing (Ellenbogengesellschaft) durch diese Einteilung. Das ist die schlimmste Einteilung für einen Menschen.
- Die Einzigartigkeit des Einzelnen wird geopfert für Gleichheit und Angepasstheit. Kreativität unserer Kinder, unseres Volkes bleibt auf der Strecke. Wo sind die Dichter und Denker Deutschlands geblieben? Wo sind die Deutschen Elon Musks, Mark Zuckerbergs, Jeff Bezos und Co.? Wo sind die neuen Conrad Röntgen, Albert Einstein, Alexander von Humboldt usw. usw.? Wo sind sie? Sitzen sie vor dem Fernseher, oder vor ihrem Handy? Wurden sie kaputt operiert?
- Es gibt so gut wie keine deutschen Vorbilder mehr. Wo sind die Steffi Grafs, die Michael Schuhmachers, usw. Wo sind sie? „Wurden sie kaputt operiert?"
- Die Fantasie unserer Kinder wird in der Schule eliminiert.
- Auswendiglernen, bis der Kopf raucht, ohne ein Wort von dem zu verstehen.
- Spaß am Lernen wird genommen und somit der Spaß am Leben.
- Jedes Kind möchte lernen! Das ist gewiss: Doch unsere Schule und übereifrige Eltern machen aus unseren Kindern gestresste und unter Druck stehende junge Erwachsene –> Burn-out lässt grüßen.
- Kinder können sich nicht mehr richtig entfalten.
- Kindern wird das Kind sein genommen.
- Stillsitzen, bis der Neurochirurg kommt.
- Herzlose Kinder: Auslachen, Verspotten, Verpetzen, Rücksichtslosigkeit bis hin zum Ausschließen von Mitschülern.
- Druck und Stress durch Schule oder durch Mobbing bis hin zum Suizid.
- Nicht angeschrien ist gelobt genug.
- Wer mit dem Lehrstoff nicht mitkommt, hat Pech oder Eltern, die Nachhilfe zahlen können –> reich versus arm. Der Rest

sieht den Wohlstandszug an sich vorbeirauschen. Sie sehen nur noch die Rücklichter.

➤ Wie viele Kinder bleiben auf der Strecke und werden somit an den Rand der Gesellschaft gedrängt?

➤ Sportunterricht zu gering. Keine ausgebildeten Sporttrainer. Die Körper unserer Kinder sind für manche Art von Belastungen im Sportunterricht nicht ausgelegt z. B. Barrenübungen, Pferdsprung usw. aufgrund von Übergewicht oder fehlende muskuläre Konstitution. Dadurch Demotivierung –> Verletzungsgefahr –> Mobbing.

➤ Mangelnde Bewegung und endloses Sitzen –> Verkürzung der Muskulatur und Wachstum: Ergibt Skoliose.

➤ **Umweltzerstörung –> unsere Erde, unsere Tierwelt stirbt!**

➤ **Jagd auf das goldene Kalb!**

➤ ...

2. Wie wurde diese Situation geschaffen?

➤ **GIER nach dem Gelde und dem Luxus. Macht Luxus wirklich glücklich?**

➤ Bundestag: Ein Haus der Hochschulabsolventen –> Wo sind die Arbeiter geblieben?

➤ Pharmalobbyisten –> Drahtzieher im Bundestag?

➤ Gehirnwäsche durch Werbung.

➤ Krieg gegen die Menschheit. Tod auf Etappen durch Produkte der Pharma-, Fleischindustrie und Konsorten.

➤ Politik des Versagens.

➤ Politik der Fehler.

➤ Politik an der Realität vorbei.

➤ Politik der Lügen und falschen Versprechungen.

➤ Politik der Worthülsen und Phrasen –> Reden und nichts sagen!

➤ Politik der Missgunst.

➤ Politik für die oberen Zehntausend.

➤ Falsche Beratung, sonst würden wir nicht da stehen, wo wir heute sind –> 1,073 Milliarden Euro in den Wind geschossen.

- Politiker mit Nebeneinkünften (Diäten 10.012,89 € + Neben-einkünfte Höhe ?)
- Übergangsgeld 10.012,89 + ca. 250,- Euro Rentenanspruch pro Jahr als Abgeordneter des Deutschen Bundestag.
- Korruption und Vetterleswirtschaft.
- Schaffen von Durchsetzungsvermögen: Der Starke nimmt vom Schwachen und die bleiben gnadenlos auf der Strecke z. B. werben wir Ärzte aus Drittländern ab und die Menschen dort, bleiben auf der Strecke.
- Keine individuelle Behandlung für kranke Menschen –> Schubladendenken!
- Gesundheit zählt nicht –> Gesundheit bringt keinen Umsatz -> Wird deshalb nicht auf Prävention gesetzt?
- Spezialisierung auf Symptombekämpfung und nicht auf die Ursache selbst.
- Der Mensch zählt nicht mehr, sondern nur noch Geld, Geld und noch mal Geld.
- Kinder erben die schlechten Gewohnheiten, Krankheiten der Eltern bzw. oder sollen vielleicht die schlechten Gewohnhei-ten, Krankheiten der Eltern erben –> Wirtschaftszweig „Medi-zin" muss laufen. Das Kastensystem Deutschlands muss lau-fen.
- **Einführung des DRG-Systems**
- …

3. Wie lautet das Ziel:

„Den Zusammenbruch unseres Systems abwenden!"

4. Wie können wir das Ziel erreichen?

„Den Operationswahnsinn stoppen!"

Sobald der Operationswahnsinn gestoppt wird, werden wir den Zusammenbruch unseres Systems aufhalten können.

5. Wie können wir den Operationswahnsinn stoppen?

- Das DRG-System Stufenweise abschaffen.
- Wiedereinführung von Grundwehrdienst und Zivildienst für Frauen und Männer, die in Deutschland leben und den deut-

schen Pass haben. Freie Wahl zwischen den Diensten. Mindestens 12 Monate. Wiedereinführung sollte spätestens im Jahr 2023 beginnen. (Zur Erinnerung: Zivildienstleistende im Jahr 2002: 136.008 und 2009: 90.514.

Grundwehrdienstleistende im Jahr 2002: 123.812 und im Jahr 2009: 68.304). Somit wären viele Probleme gelöst –> Ein Jahr Dienst für unser aller Vaterland. Ist das zu viel verlangt? Ich glaube nicht!

➢ So wäre eine Rückkehr zu den alten Werten möglich: Fleiß, Tugend, Disziplin, Empathie, Hilfsbereitschaft, Zusammenhalt, Anstand, Solidarität, Toleranz und Eigenverantwortung.

➢ Die Gesundheit jedes Menschen in unserem Staat muss, so gut es geht geschützt werden.

➢ Ein Belohnungssystem in Deutschland einführen. Ab dem Kindergarten bis ins hohe Alter. Jeder Mensch möchte doch belohnt und gelobt werden. Jeder Mensch braucht Bestätigung und Anerkennung für seine Arbeit, – für das, was er macht. Das ist das, was uns antreibt, was uns **glücklich** macht. Das brauchen wir, wie die Luft zum Atmen.

Beispielsweise Belohnung mittels Kinogutscheine, Freizeitparkgutscheine, Geld auf ein staatlich geführtes Sparbuch, Zuzahlungen zum Führerschein, zum Moped, zum Auto, zur Heirat usw. usw. usw.

Belohnungen für z. B. eine gesunde Lebensweise; fürs Gesundsein; Lernbereitschaft; Hilfsbereitschaft; für jede Art von Leistung (nicht nur für Spitzenleistung); sportliche Betätigung; Ideengebung; Offenherzigkeit; Mut usw. usw. –> Es gibt so viele Möglichkeiten, um Menschen zu belohnen und zu einem besseren und glücklicheren Leben zu verhelfen. Stärken eines Menschen fördern –> Träume verwirklichen!

➢ Flüchtlinge, Asylbewerber, Migranten viel schneller Einbürgern. Zugang zum Arbeitsmarkt verschaffen, ab dem ersten Tag, ohne große Bürokratie. Auch hier: Wer eingebürgert ist sollte wählen müssen, zwischen Grund- und Zivildienst. Belohnung für aktives Deutschlernen! Die Sprache eines Landes in Wort und Schrift zu können, ist das „A und O", um erfolgreich zu sein.

➢ Brüderlichkeit, Schwesterlichkeit, Geschwisterlichkeit –> Alle Menschen sind gleich, nicht nur auf dem Papier.

- Politik des Vertrauens.
- Politiker, die ihre Fehler eingestehen.
- Politik der klaren Worte.
- Politik für alle Menschen.
- Politiker als Vorbilder.
- Korruption, Bestechung und Erschleichung von Vorteilen auf Kosten anderer unter Höchststrafe stellen. Ganz besonders an der Spitze der Nahrungskette –> Bundestag usw.
- Kapitalismus zurückfahren. Glücklich sein ist angesagt. Geld macht nicht glücklich –> es beruhigt nur. Diese Beruhigung muss Vater Staat uns Bürgern geben.
- Arbeitsabläufe im System, im Verwaltungsapparat vereinfachen –> Bürokratie abbauen.
- Externen Beratungsfirmen die Verträge kündigen –> sofort! Bildet Arbeitskreise mit den Menschen, die im Wirtschaftszweig „Medizin" zwischen den Fronten sitzen. Den Abteilungsleitern! Die den Druck von oben (Geschäftsführer) und von unten (von den unterstellten Mitarbeitern) abfedern müssen. Die Menschen, die die Sorgen und Nöte der ihnen unterstellten Menschen kennen und tagtäglich den Karren zusammen mit ihren Mitarbeitern aus dem Dreck ziehen. Holt Euch Rat bei den Kümmerern, bei den Schaffern und Machern dieses Landes!!!
- Nöte der Menschen ernst nehmen.
- Kostenlose Weiterbildungen für interessierte Menschen: In allen Bereichen des Lebens –> von der Gesundheitsförderung bis hin zu technischen Bereichen.
- Fördern und motivieren von Menschen –> statt ausgrenzen. Jeder Mensch hat eine besondere Stärke, besondere Eigenschaft, besondere Begabung. Egal welcher Herkunft, Hautfarbe, – mit oder ohne Behinderung, – oder, oder, oder. Das ist Wurscht! Jeder Mensch ist etwas Besonderes. Kein Mensch verdient es ausgegrenzt oder aufs Abstellgleis geschoben zu werden. Motivieren –> Integrieren –> Fördern –> Glücklich sein!
- Bereits ausgegrenzte Menschen zurück in die Gemeinschaft integrieren. Aber bitte nicht durch studierte Sozialarbeiter, die nicht in dieser Randgesellschaft aufgewachsen sind. Sondern

durch vertrauensvolle Menschen, die den untersten Schichten unseres Kastensystems angehören und in diesen Bereichen Einfluss haben –> Jeder Mensch ist wertvoll für einen Staat –> Denn jeder Mensch hat mindestens eine Stärke, Begabung etc., die es gilt zu finden, hervorzuheben und zu fördern bis ins hohe Alter.

➢ Art. 2 GG! Jeder hat das Recht auf die freie Entfaltung seiner Persönlichkeit! Stärken aller Menschen fördern –> Schwächen akzeptieren.

➢ Wohlstandskrankheiten entgegenwirken!
–> Eine Art Bedienungsanleitung für die Pflege unseres Körpers entwickeln. Achtsamkeit und Wertschätzung des eigenen Körpers fördern.

–> Pflicht: Zahnärztliche Untersuchungen zweimal im Jahr ein Leben lang. Gesunde Zähne: Belohnung in Form von einer jährlichen Bonuszahlung!

–> Schulungen für alle im Staat lebenden Menschen vom Kindergarten bis ins hohe Alter. Schulungen über eine gesunde Lebensweise. Verhaltensweise im Alltag. Welche Krankheiten dadurch gestoppt werden können usw. ZIEL: Wir dürfen nicht nur Ärzte ausbilden, um die Symptome zu bekämpfen, sondern wir müssen die Ursache, – die Wurzel des Übels (sorry, für die Wortwahl), den Menschen selbst ausbilden. Das Gehirn für ein gesundes Leben aktivieren!

–> Konservative Methoden in der Medizin Vorrang geben. Den Körper ganzheitlich ansehen. Ein Umdenken muss erfolgen!

–> Pflicht: Immer eine zweite Meinung einholen, solange die Operation nicht sofort notwendig ist. Eine zweite Meinung von einem unabhängigen, vertrauensvollen und empathischen Arzt.

➢ Krankmachende Berufe herausfiltern und Lösungen finden, um die Gesundheit der Mitarbeiter zu schützen. Arbeitsplätze optimieren –> Gehirn anstrengen. Es gibt immer eine Lösung für ein Problem. Zuschüsse durch den Staat für besonders gesundheitsfördernde Maßnahmen.

➢ Krankmachende Lebensmittel kennzeichnen.

> Einsatz von Pestiziden in der Landwirtschaft hinterfragen –> Keine Höchsterträge auf Kosten unserer Gesundheit und unserer Umwelt.

> Artgerechte Tierhaltung – Fleischkonsum drastisch reduzieren!

> Noch mal: Korruption, Bestechung und Erschleichung von Vorteilen auf Kosten anderer unter Höchststrafe stellen.

> Wir brauchen eine Religion des Friedens!

> Umweltschutz um jeden Preis! Unsere Nachkommen wollen auch noch auf dieser Erde leben.

Schule:

> Schuluniformen einführen. Kinder brauchen Gemeinsamkeiten. Verbessert den Zusammenhalt und verringert die Gewalt an Schulen.

> Höhenverstellbare Einzeltische und Stühle. Kontrolle der richtigen Einstellung zweimal im Jahr durch Fachpersonal. Schulung der Kinder.

> Zwei Sätze Schulbücher: Ein Satz bleibt in der Schule ein Satz für zu Hause –> Besser: Unterricht mit technischen Hilfsmitteln –> Tablet, Notebook usw. –> Willkommen im 21. Jahrhundert!

> Schuluniformen, Tische und Stühle werden ausschließlich in Deutschland produziert! Unter staatlicher Führung –> Diese Unternehmen müssen Sprungbretter sein für Langzeitarbeitslose, junge Menschen ohne Perspektive, Migranten, Flüchtlinge usw. usw.

> Wichtigste Lehrinhalte in der Schule: Achtsamkeit und Wertschätzung des eigenen Körpers. Richtige Ernährung. Richtige Bewegungsabläufe. Rückengerechte Verhaltensweisen: Richtiges Heben, Tragen: Drillmäßig Üben mit Spaß dabei. Es muss sich im Gehirn festsetzen.

> Lehrstoff den heutigen Zeiten anpassen. Kreatives Denken fördern. Stärken und Schwächen erkennen! Stärken der Kinder fördern. Offensichtliche Schwächen nicht benoten –> Hinweis auf die Fehler! Verbesserungen in den Fächern belohnen, in denen sich ein Kind schwer tut.

- Den Kindern die Natur und Tiere (vor allem Jungtiere) näher bringen, ein Kind muss sehen, wie sein Essen in natura aussieht, wie es angebaut wird usw. –> Schule des Öfteren außerhalb des tristen Klassenzimmers.
- Anerkennung und Lob. Ermuntern und Verzeihen.
- Bewegungen in den Schulalltag einbauen.
- 5. – 7. Klasse Talentschmiede: Die Stärken der Kinder hervorheben und fördern. Hauptaugenmerk auf diese Stärken. Einteilung in technisch, naturwissenschaftlich, handwerklich, musikalisch, kulturell, sprachlich, sportlich usw. Oder nach Führungsqualität, Sozialverhalten, Organisationstalent usw. Ab der 8. Klasse: Übertritt in die weiterführenden Schulen –> je nach Stärke und Begabung des Kindes.
- Abwählen von einem, zwei oder drei Fächern ab der 8. Klasse, für die ein Kind noch nicht reif genug ist bzw. das vorhandene Vorstellungsvermögen fehlt. Beispiel: Mathematik (Algebra), Chemie, Physik usw. –> Nachholen dieses fehlenden Wissens muss immer möglich sein, evtl. später in einer Abendschule usw. –> kostenlos natürlich. (Somit kann sich das Kind voll und ganz auf die Fächer konzentrieren für die es Talent hat –> Spaß am Lernen wird gefördert! Glücklich sein ist angesagt!)
- **Teamplayerförderung.** Kinder müssen lernen, sich gegenseitig zu unterstützen. Der Starke hilft dem Schwachen. Solidaritätsprinzip! Gemeinsam sind wir Spitze!
- Selbstbewusstsein der Kinder fördern. Da jedes Kind ein Talent hat. Durchsetzungsvermögen ja, – aber nicht um jeden Preis, – nicht auf Kosten der anderen!
- Pflicht: Body-Scan und Gehweise der Kinder jedes Halbjahr einmal vom Orthopäden überprüfen lassen. Ab 18 bis 99 Jahre einmal jährlich, freiwillig. Bei Auffälligkeiten. Zweite unabhängige Meinung eines Arztes. Besprechen von konservativen Maßnahmen.
- Pflicht: Zahnärztliche Untersuchungen in der Schule. Zweimal im Jahr.
- Pflicht: Regelmäßige Krafttrainingseinheiten mit ausgebildeten Physiotherapeuten – angepasst an die jeweilige Entwicklungsstufe des Kindes (tiefe Muskulatur usw.) –> Im erweiter-

ten Nachmittagsunterricht, evtl. auch Ballsportangebote, die den Zusammenhalt fördern. Keine Ausgrenzung von schwächeren Kindern.

➢ Sportunterricht durch ausgebildete Physiotherapeuten.

➢ Bücher verfassen: Die sich bewusst mit Krankheiten und der Ursache auseinandersetzen. Die leicht verständlich zu lesen sind – für jedes Alter entsprechend dargestellt.

➢ Bücher verfassen: Aufbau und Funktionsweise des menschlichen Körpers. Die leicht verständlich zu lesen sind – für jedes Alter entsprechend dargestellt.

➢ Kulturelle Bildung –> Fantasie fördern. Die Gedanken der Kinder und Erwachsenen sind die Projekte von morgen.

➢ Eins hab ich noch: Man sollte darüber nachdenken, ob man vielleicht auch stolz sein darf auf sein Heimatland. Ob man stolz darauf sein darf, was wir alle, unsere Mütter und Väter und die Generationen davor geschafft haben, ohne in die rechte Ecke abgeschoben zu werden.

6. Welche Ergebnisse sind zu erwarten?

➢ Unseren Kindern wird der Stress genommen.

➢ Der Spaß am Lernen kommt zurück.

➢ Der Spaß am Leben kommt zurück und somit die Kreativität.

–> Durch Kreativität entsteht das Projekt von morgen.

➢ Vertrauen in unser Gesundheitssystem kommt zurück.

➢ Fachkräftemangel wird entgegengewirkt, weil keine unnötigen Operationen aus Umsatzgeilheit durchgeführt werden. Und somit bleiben viele Facharbeiter von den negativen Auswirkungen einer (Bandscheiben-) Operation verschont.

➢ Ärztemangel wird entgegengewirkt. Weniger Operationen –> bedeutet weniger Stress und Gewissensbisse! Somit werden sich wieder mehr Menschen, für den Beruf Arzt entscheiden –> der Spaß an der Arbeit kommt zurück. Teamarbeit ist wieder angesagt!

➢ Somit müssen Ärzte und Facharbeiter aus Drittländern nicht mehr abgeworben werden. Die Menschen dort werden wieder eine Perspektive bekommen. Ein Staat ist nur so gut wie seine „Mitarbeiter". Ohne gesundheitliche Versorgung und dem Mangel an Visionären & Facharbeitern ist der Aufbau und der

Erhalt eines gesunden und erfolgreichen Staates nicht möglich. Das „Unternehmen Staat" wird früher oder später gegen die Wand fahren. Das Recht des Stärkeren hält Einzug. Was wir in Deutschland schon geschaffen haben, in Form von: Das Recht des hochgebildeten, des reichen Menschen ohne Gewissensbisse!

➢ Pflegekräftemangel wird entgegengewirkt. Weniger Operationen –> bedeutet weniger Stress und Zeit für die Pflege von kranken Menschen –> Somit werden sich wieder mehr Menschen für den Beruf Pflegefachkraft entscheiden –> der Spaß an der Arbeit kommt zurück. Selbstverständlich auch durch die Zivildienstleistenden. Teamarbeit ist wieder angesagt!

➢ Gesundheitsausgaben werden gesenkt.

➢ Jobs werden geschaffen.

➢ Wir hätten Zeit unsere Umwelt wieder auf „Vordermann" zu bringen.

➢ Die Erde wird es uns danken!

➢ Gelebte Teamarbeit! (Nicht: **T**oll **e**in **a**nderer **m**achts!)

➢ usw. usw.

➢ Alles würde sich ändern!

7. Wer ist beteiligt?

➢ Alle Menschen, die in Deutschland leben. Aufrufe auf YouTube starten für Verbesserungsvorschläge! Die „Mitarbeiter" Deutschlands sind gefragt!

8. Wann sollen die Ziele erreicht werden?

➢ So schnell wie möglich! Besser heute als morgen! Also fangen wir an!

9. Warum können wir das meistern?

➢ Weil wir alles schaffen können, wenn wir es nur wollen. Wir haben schon ganz andere Herausforderungen gemeistert. Und wenn es hart auf hart kommt, dann halten wir alle zusammen! Nur die richtige Richtung muss vorgegeben werden! Packen wir es an Freunde! Auf in eine bessere Zukunft!

Packen wir`s an! ZUSAMMEN!

Mein Fazit:

GLAUBE! Der Glaube ist ein sehr mächtiges Werkzeug! Glaube versetzt Berge. Glaube lässt mich wieder hoffen. Glaube lässt mich wieder leben. Der Glaube an mich und an meinen Körper ist der Grundpfeiler für meine Genesung! Glaube hat dieses Buch entstehen lassen. Ich glaube daran, wenn wir zusammen helfen, dass wir das DRG-System stoppen können. Das wir somit wieder ein besseres, sozialeres Deutschland entstehen lassen können. Und vielleicht hält gerade ein Mensch dieses Buch in der Hand und wird eines Tages Kanzlerin/Kanzler der nach einigen Angaben aus dem Buch das Gesundheitssystem und das Schulsystem verändert. Der vielleicht sogar die Welt verändert. **Denn ein Mensch kann die ganze Welt verändern!** Zum Guten verändern!

Mein Fazit möchte ich abschließen mit den drei Wünschen, die Alexander der Große vor seinem Tod geäußert haben soll. Das ist noch was zum Nachdenken. ☺

Seine Wünsche:

1. Meine Ärzte müssen meinen Körper alleine tragen.

2. Ich möchte, dass der Weg, während ich zu meinem Grab getragen werde, mit dem Gold, Silber und Edelsteinen aus meiner Schatzkammer übersät wird.

3. Ich möchte, dass meine beiden Hände aus meinem Sarg baumeln.

Was wollte er damit bezwecken? Was wollte er damit sagen?
Er wollte, dass jeder von uns die drei Lektionen lernt, die er in seinem Leben gelernt hat. Also, was sagen seine Wünsche aus?

Zum ersten Wunsch:
Kein Arzt ist so mächtig, die Menschen vor dem Tod zu retten. Deshalb sollen wir das Leben nicht für selbstverständlich halten.

Zum zweiten Wunsch:
Er wollte, dass wir wissen, dass nicht einmal ein Bruchteil von dem Reichtum und der Macht, für das er sein ganzes Leben verschwendet hat, mit ihm kommen kann. Dass er sein ganzes Leben verschwendet hat auf der Jagd nach Reichtum und Macht.

Zum dritten Wunsch:
Er wollte uns mit den aus dem Sarg baumelnden Händen wissen lassen, dass wir alle mit leeren Händen in diese Welt kommen und wieder mit leeren Händen gehen werden.

Vielleicht können Sie sich daran erinnern, dass ich auf Seite 77 bereits darauf hingewiesen habe, dass das Kapitel 5 so eine Art „Bonuskapitel" ist. Dieses Kapitel geht um den Körper selbst. Das wir nicht zu vorschnell zu Operationen, Medikamenten usw. greifen sollten und somit weitere Strukturen des Körpers zu schädigen, mit ungewissen Langzeitfolgen. Das wir unseren Körper vielleicht mal ein paar Tage/Wochen mehr Zeit geben sollten, um sich selbst zu heilen. Denn man vergisst sooft, gerade wenn man starke Schmerzen hat, dass unser Körper über enorme Selbstheilungskräfte verfügt. Ich kann ein Lied davon singen. Drei Bandscheibenoperationen, Schmerztabletten bis zum Abwinken usw. usw. Ich hatte vergessen, dass mein Körper versucht sich selbst zu heilen. Aber nachdem ich endlich meinen Verstand eingesetzt hatte, habe ich den Absprung von der Wirbelsäulenversteifung geschafft und bin auf dem Weg der Schmerzfreiheit. Wie ich das geschafft habe, lesen Sie gleich. Vorab: Wir alle sollten uns öfters mal fragen, warum ich diese und diese Krankheit bekommen habe. Oder wir sollten uns öfters fragen, welche Ursache die ausgelöste Krankheit hat. Wir müssen die Augen aufmachen, um zu erkennen, dass meist nur die Symptome einer Krankheit bekämpft werden, aber nicht die eigentliche Ursache. Dass wir einfach weiter machen mit unserem Fehlverhalten, das unseren Körper schädigt. Kennen Sie das Schlaraffenland? Nein, dann Lesen Sie bitte das Kapitel, dann werden Sie verstehen, was ich meine. Viel Spaß bei der Erkenntnis!

Nichts ändert sich,
bis Du Dich
änderst,
aber dann
ändert
sich alles!

Kapitel 5
Dein Körper und unsere Erde

1. Glaube an die Stärken deines Körpers.

IMMER. Ich gehe auch hier hauptsächlich von einem Bandscheibenvorfall bzw. Rückenschmerzen aus. Was aber nicht bedeutet, dass man nicht auch bei sehr vielen anderen Krankheiten an die Stärken seines Körpers glauben kann und sollte. Ich kann sehr gut nachvollziehen, dass Du erschrocken bist, welch Schmerzen Dir dein Körper z. B. bei einem Bandscheibenvorfall bereitet hat und Du vom Glauben an ihn abgefallen bist. Vor allem, wenn Du schon wochenlang, wenn nicht sogar monatelang an Schmerzen leidest. Aber bitte strafe Dich nicht selbst, indem Du schlecht über deinen Körper denkst, redest oder anfängst gegen ihn zu kämpfen mit jeden zur Verfügung stehenden Mitteln. Von der Tablette bis zur Operation und somit weitere Strukturen deines Körpers schädigst.

Du solltest Dich lieber fragen, warum er Dich mit Schmerzen belastet? Du solltest Dich fragen, was Du falsch gemacht hast? Was Du immer noch falsch machst? Du solltest Dich fragen, was der Auslöser für deinen Bandscheibenvorfall, für deine Schmerzen war?

Dir muss bewusst werden, dass Du und dein Körper in einer Symbiose lebt. Damit der eine ohne den anderen nicht leben kann. Dir muss bewusst werden, dass Du für alles verantwortlich bist, was Dir dein Körper zurückgibt. Mach die Augen auf und sei Dir endlich bewusst, dass dein Körper alles ertragen muss, was Du mit ihm treibst bzw. mit ihm getrieben hast. Er kann leider nicht vor Dir weglaufen, obwohl er es sicherlich das ein oder andere Mal gerne getan hätte. (Bei mir bin ich zu hundert Prozent sicher, dass mein Körper früher schon längst die Flucht ergriffen hätte). Er kann sich nicht vor Dir verstecken und ist Dir deshalb hilflos ausgeliefert. Er erträgt stillschweigend deine Launen, deine ungesunde Ernährung, deine ungesunde Lebensweise, deine ungesunden Bewegungsabläufe etc. bis er kurz vor dem Kollaps steht. Dein Körper dient Dir so lange, bis zu dem Punkt, an dem er mit seinen Kräften am Ende ist. So lange, bis Du ihn zermürbst hast. Bis er nicht mehr kann und Du es geschafft hast, die Strukturen dieses Wunderwerks durch dein Fehlverhalten zu beschädigen und ihm nichts anderes übrig bleibt als um „HILFE" zu schreien, in Form von Schmerzen. Immer lauter, immer heftiger, immer länger. Sicherlich hat Dich dein Körper mit kleinen Schmerzepisoden, mit Verspannungen der Muskulatur, eventuell mit „Hexenschüssen", leichte Knieschmerzen oder Magenzwicken usw. darauf aufmerksam gemacht, dass Du mit deinem Fehlverhalten seine Strukturen schädigst. Aber ich möchte wetten, Du hast mir nichts Dir nichts, ohne groß darüber nachzudenken, mit dem Griff zur Schmerztablette diese „Hilfeschreie" unterdrückt. Hör auf damit! Erst denken, dann handeln. Glaube nicht, dass die Schreie sich lange unterdrücken lassen, solange Du Dich nicht grundlegend veränderst. Sie werden immer lauter, –> immer heftiger, –> immer länger. Was man ihm nicht verdenken kann. Wer lässt schon gerne Jahrzehnte lang auf sich einprügeln, ohne einen Muckser von sich zu geben. Du solltest Dir vor Augen führen, dein Körper hat „Dich" ausgewählt, um mit Dir gemeinsam durchs Leben zu gehen. Dein Körper hat es nicht verdient, dass Du weiter auf ihn einprügelst bzw. Du überhaupt auf ihn eingeprügelt hast. Erst wenn Du das erkennst, dann kannst Du handeln und das Richtige tun, damit dein Körper wieder Vertrauen zu Dir aufbauen kann. Und Du musst wieder Vertrauen zu deinem Körper aufbauen. Glaubst Du, dass es schwierig ist, wieder Vertrauen zu deinem Körper aufzubauen?

„Ist es nicht, mein Freund". Denk mal zurück. Denk mal zurück an den Anfang. An den Anfang, als dein Körper Dich noch nicht gebraucht hat. An den Tag seiner Zeugung, an den Tag der Befruchtung und an der Entwicklung deines Körpers. Als dein Gehirn, dein Verstand, dein Bewusstsein noch nicht mal existiert hat. Merkst Du, wie besonders dein Körper ist? Welche besondere Behandlung er verdient? Nein? Dann lies jetzt sehr aufmerksam folgenden Abschnitt.

Dein Körper ist ein Sieger!

Er war der Auserwählte von ca. 200 – 600 Millionen Spermien, die an den Start gingen. Die alle dasselbe Ziel hatten. Die „Eizelle des Lebens", die Eizelle der Frau so schnell wie möglich zu erreichen. Du musst begreifen, dass es dein Körper tatsächlich geschafft hat, schon in diesem Urzustand als kleines Spermium schneller als die anderen Millionen Spermien gewesen zu sein, um die 15 cm bis zum Ziel zu überwinden. Um sich dann dem härtesten Auswahlverfahren seines Lebens stellen zu müssen. Einem gnadenlosen Auswahlverfahren. Bei dem die Eizelle aus Hunderten gleich schnellen „Widersachern" den Stärksten, den Besten auswählte und zum

Sieger kürte. Bei dem nur dem Sieger der Weg ins Leben geebnet wurde. Und zwar deinem Körper! Für den Rest bedeutete es den sicheren Tod. Halte Dir das vor Augen und denk noch mal drüber nach. Nur dem Besten, dem Stärksten, wurde der Eintritt ins Leben gewährt. Es war nicht irgendwer. Es war dein Körper, der der Beste, der Stärkste war. Die Nummer eins. „Der Sieger". Und dieser Sieger hat Dich eines Tages ausgewählt, mit ihm gemeinsam den Weg durch das Leben zu schreiten. Wann er Dich ausgesucht hat? „Keine Ahnung". Aber eins ist sicher: „Du" warst nicht an seiner Entwicklung in der Gebärmutter der werdenden Mutter beteiligt. Dein Körper ist alleine gewachsen. Ohne Dich, ohne deine Anweisungen. Und das macht er auch heute noch. Dein Körper stößt alte Zellen ab und lässt neue nachwachsen. Er heilt sich selbst bei Verletzungen. Dazu braucht er Dich nicht. Also sei dankbar, dass dein Körper „Dich" ausgesucht hat. Er hat sich Dich ausgesucht, mit der Hoffnung, dass Du ihm die bestmögliche Behandlung zuteil kommen lässt. Mit der „Hoffnung", vernünftig geführt und ernährt zu werden. Siehst Du! Nicht nur Du hoffst, sondern auch dein Körper selbst. Er hofft darauf, dass Du seine Zeichen verstehst, wenn er Hunger hat, wenn er Durst hat, wenn er Schmerzen hat usw. Er hofft jeden Tag darauf, dass Du ihm zuhörst, ihn verstehst und seine Signale deutest, die er Dir so zahlreich sendet. Du musst nur hinhören und verstehen. Also erkenne, dein Körper hat schon immer mit Dir zusammengearbeitet. Denn er hat Dich ausgesucht. Keinen anderen. „DICH" hat er ausgesucht. Dir hat er die Tür geöffnet. Deshalb erkenne, dass dein Körper nicht gegen Dich arbeiten will, obwohl er Dir im Augenblick Schmerzen bereitet, die Du vielleicht in so einer Stärke noch nie vorher verspürt hast. Aber sei deiner gewiss, er will mit Dir zusammen arbeiten. „Immer noch!" Denn er braucht Dich, genauso wie Du ihn. Er will Dich aufmerksam machen, dass es so nicht weiter geht. Er will Dich aufmerksam machen, dass Du bei seiner Führung etwas falsch gemacht hast und Du dieses Fehlverhalten einstellen musst. Mehr möchte er nicht. Er möchte nur, dass Du dein Fehlverhalten einstellst. Egal, ob es falsche Ernährung ist oder jahrelange falsche Verhaltens- und Bewegungsmuster sind, starker Alkohol- oder Drogenkonsum oder was auch immer. Er will, dass Du dein gesundheitsschädigendes Fehlverhalten einstellst. „Mehr nicht!" Und dann wird er alles Weitere übernehmen. Er wird sich wieder heilen. Dazu braucht er Dich nicht! Glaubst Du, dein Gehirn kontrolliert und steuert alles in deinem Körper? Ja? Ich bin anderer Meinung. Unser Körper ist der richtige Chef. Denn unser Körper ist unser Unterbewusstsein. Davon bin ich hundertprozentig überzeugt. Alles was automatisch also unbewusst abläuft wie z. B. die Atmung, das verwehrten der Nahrung, die Zellerneuerung, der Blutkreislauf usw. dies übernimmt unser Körper = unser Unterbewusstsein, – nicht das Gehirn. Ich glaube, wir bemessen unserem Gehirn zu viel des Guten zu. Unser Gehirn, kann unseren Körper zwar wie eine Marionette steuern. Keine Frage. Aber unser Gehirn ist nicht bei der Entwicklung unseres Körpers beteiligt. Auch nicht bei der Heilung unseres Körpers. Das macht er selbst. Das hat er schon immer selbst gemacht. Von der ersten Sekunde seines Lebens an. Ohne unser Zutun.

Unser Gehirn sammelt einzig und allein Erfahrung und versucht diese unserem Körper beizubringen. Ob es gute oder schlechte Erfahrungen sind, gute oder schlechte Bewegungsabläufe, gute oder schlechte Essgewohnheiten sind hängt einzig und allein davon ab, von welchen Menschen unser Gehirn diese gelernt hat. Diese Erfahrungen, ob sie gut oder schlecht sind, wollen wir unserer „Marionette", unserem Körper beibringen, auf Teufel komm raus. Denk doch nur mal an Zucker. Jeder, wirklich jeder auf der Welt, der bei klarem Verstand ist weiß, dass Zucker schädlich für unseren Körper ist. Aber was machen wir, wir stopfen unseren Körper voll mit Zucker, nur weil unser Gehirn, diese Erfahrung als „Gut" einstuft. Wir stopfen uns zu mit Zucker, bis die Zähne faulen, bis wir „Fett" werden, bis wir „Diabetes" kriegen, bis wir Tod umfallen, obwohl unser Körper gewarnt hat. Immer wieder gewarnt hat. Anfangs mit kleinen Schmerzschreien, um das Nervensystem nicht zu überfordern. Die wir dann so gerne mit einer Tablette unterdrücken und einfach so weiter machen, als wär nichts gewesen. Haben wir vergessen, dass unser Körper uns hereingelassen hat mit der Hoffnung auf gute Behandlung. Haben wir vergessen, welch Glanzleistungen wir miteinander schon geschafft haben? „Ich denke schon!" Sonst würden wir nicht so mit unserem Körper umgehen. Ich möchte Dich daran erinnern, dass wir alle Kämpfer sind und wir die größten Hürden nur zusammen mit unserem Körper erfolgreich meistern konnten und weiterhin können. Nicht allein. Allein sterben wir. Allein stirbst Du. Allein stirbt unser Körper. Nur zusammen können wir alles erreichen. Alles erreichen!

Wir sind alle Kämpfer!

Denk mal zurück, was ihr zwei zusammen, „dein Körper und Du", bisher in der Vergangenheit schon geleistet habt. Wie ihr zusammen gewachsen seid. Wie ihr zusammen die tollsten Leistungen vollbracht habt. Klasse, oder nicht? „Glaube daran, dass ihr zwei etwas Besonderes seid". Schau, wir haben es trotz zahlreicher Fehlversuche zahlreicher Blessuren, zahlreicher Tränen geschafft, auf zwei Beinen zu stehen und das Laufen anzufangen. Dein Körper und Du, ihr habt einander vertraut. Jawohl. Das wart ihr! Das war kein anderer! Hast Du das vergessen? Du hast es geschafft, durch einsetzen deines Gehirns deinen Körper zum Laufen zu bringen. Dein Körper hat Dir jede Blessur verziehen, die er sich durch dieses Unterfangen zugezogen hat. Er hat jede Blessur verheilen lassen. Und daran musst Du festhalten. Du musst unbedingt wieder an Dich und an deine Fähigkeiten glauben. Du musst die Symbiose zwischen deinem Geist, deinem Körper und deiner Seele wieder herstellen. Ich weiß, dass es schwierig ist, seinem Körper wieder Vertrauen zu schenken, aufgrund der Schmerzen, die er Dir bei einem Bandscheibenvorfall usw. bereitet hat oder er Dir im Augenblick bereitet. Aber denke immer daran, dein Körper möchte Dir etwas sagen mit der Notbremse, die er gezogen hat. Nochmals, Dir muss bewusst sein, dass **Du** etwas falsch gemacht hast oder immer noch falsch machst. Du bist der größte Auslöser für deine Schmerzen, nicht dein Körper. Du warst es, der etwas falsch gemacht hat. Hämmer Dir das in deinen Kopf. Suche nach dem Fehlverhalten, das sich bei Dir eingeschlichen hat und stelle es ab, egal was für Veränderungen es mit sich bringen wird. Gib deinem Körper nun die Zeit, um sich zu heilen, sich zu reparieren, zu genesen. Die Selbstheilungskräfte deines Körpers werden danach alles Weitere übernehmen.

Wir haben alle Selbstheilungskräfte in uns!

Wie hätten wir es sonst geschafft, die ganzen Prellungen, Hautabschürfungen, Wunden, Blessuren, Entzündungen, Krankheiten (Grippe) usw. zu überstehen, ohne dass wir jedes Mal gleich ins Gras gebissen haben. Das haben wir unseren Selbstheilungskräften zu verdanken. Jeder von uns hat Selbstheilungskräfte. Jeder Körper hat seine Selbstheilungskräfte. Selbstverständlich ist es schwierig, in einer Situation wie bei einem Bandscheibenvorfall, der auf einen Spinalnerv drückt und in der dein Körper vielleicht zum ersten Mal so richtig heftige Schmerzen produziert, daran zu glauben, dass es deinem Körper gelingt, sich selbst zu heilen. Verzweifle nicht! Wie heißt es so schön? Der Glaube versetzt Berge. Gib deinem Körper Zeit und hör bloß auf Dich wie ein Schiffbrüchiger an einen rettenden Strohhalm in Form einer Operation zu klammern. (Solange Du natürlich nicht an den Symptomen der „Red Flags" leidest oder Du Dich in einer lebensbedrohlichen Situation, aufgrund einer Erkrankung leidest, wo das Abwarten keinen Sinn mehr hat). Warte ab, dein Körper sucht nach einer Lösung. Denke daran. Er hat Dich nie gebraucht, um zu wachsen und sich zu heilen.

Selbstverständlich dauert es länger, beispielsweise bis das vorgefallene Bandscheibengewebe vom Körper resorbiert wird, als beim Entfernen mittels einer Operation. Aber durch die Selbstheilung werden keine weiteren wichtigen Strukturen geschädigt und nochmals: Niemand kann Dir zu 100 Prozent gewährleisten, dass die Schmerzen nach einem Eingriff verschwinden werden oder von kürzerer Dauer sind. Doch eins kann ich Dir garantieren, dass dein Körper, deine Selbstheilungskräfte, Schwerstarbeit vollbringen müssen, um die Schädigungen durch eine Operation zu reparieren. Was mit anderen und noch heftigeren Schmerzen verbunden sein wird. Schau Dir gerne noch mal dazu die Filme der Versteifungsoperation an. Ich bin der felsenfesten Überzeugung, unser Körper wird mit fast allen Krankheiten, mit den meisten Beeinträchtigungen und Behinderungen von allein fertig, – vor allem ohne Operationen. Solange wir uns auf die Suche nach der Ursache machen, diese abstellen und uns den neuen Gegebenheiten anpassen, – also uns verändern. Das heißt, dass wir die neu gesteckten Grenzen unseres Körpers akzeptieren. Dazu habe ich eine klitzekleine Anekdote zum Thema „Ursache abstellen und vorschnell operieren", die ich vor ein paar Monaten erlebte.

Da ich bei meinem ersten Buch meist nur sehr kurz Sitzen und Stehen konnte, aufgrund der starken Schmerzen, hatte ich sehr viele Stunden in halb liegender Lage, im Bett mit höher verstellbaren Lattenrost verbracht, um wenigstens ein paar Zeilen meines Ratgebers auf Papier bringen zu können. Durch die Fehlhaltung meines Handgelenks, beim Führen der Computermaus, hatte ich mir einen sogenannten „Mausarm", oder auch eher bekannt als „Tennisarm" zugezogen, weil ich nicht auf die kleinen Schmerzschreie meines Körpers hören wollte, die er immer wieder ausgesendet hatte. Bis er dann eben mit einer sehr schmerzhaften Ent-

zündung reagierte, die mich einige Wochen vom Schreiben abhielt. Bis ich freiwillig vor Schmerz zum Hausarzt ging, um mir die Diagnose „Tennisarm" abzuholen. Ich bekam eine Ellenbogenbandage verschrieben und Ruhe für das Gelenk verordnet. Gesagt, getan. Nach 14 Tagen hatte sich noch keine Besserung eingestellt und deshalb gab mir mein Hausarzt eine Überweisung zum Orthopäden. In der Praxis wollte man zuallererst, nachdem ich der Arzthelferin den Grund meines Besuchs eröffnete, mein Ellenbogengelenk röntgen, ohne dass ich vorher einen Arzt gesprochen hatte. „Nicht mit mir!" Ich bin kein Schaf mehr! Nach einigen Hin und Her wurde ich trotzdem zum Orthopäden vorgelassen, nachdem ich gesagt habe, dass ich erst eine Röntgenaufnahme machen lassen werde, nachdem eine sorgfältige Untersuchung stattgefunden hat. Das war ein sehr schweres Unterfangen. Trotzdem wurde ich zum Arzt gelassen. Bei der Anamnese wurde auch sofort auf Tennisarm getippt und der Arzt wollte mir sogleich zur Schmerzlinderung einen „Kortisoncocktail" ins Gelenk spritzen und zwei weitere innerhalb von zwei Wochen. Nicht mit mir! Den Immunsystemkiller lass ich mir nicht spritzen, dachte ich mir. Ich bin kein Schaf mehr!
Ich hab dann nach einer Alternative gefragt. Zuerst wurde versucht, mir etwas Angst zu machen. Der Doc sagte, lässt man das Gelenk noch länger unbehandelt, können die Schmerzen chronisch werden, was zwangsläufig zu einer Operation führt. (Was er nicht sagt: Dieser Mensch wusste nicht, dass ich auf diesem Gebiet ein alter Hase bin.) Da ist das Wort schon gefallen, nach fünf Minuten Anamnese. „OPERATION". „Verarschen kann ich mich alleine". Ich blieb hartnäckig und hackte nach, ob es mit einer konservativen Therapie zu einer Linderung der Schmerzen kommen könnte. „Ja, das geht auch", meinte er. „Ist halt mühsam, dauert und ist in der Regel um einiges schmerzhafter". „Ach ja, Ok" war mein knapper Kommentar. Danach habe ich ihn um ein Rezept für eine fachkundige Physiotherapie gebeten. Was er auch tat. Ein Rezept für 6 mal 20 Minuten Krankengymnastik. Insgeheim dachte ich: Rezept nehmen und sofort raus hier, nicht dass ich gleich eine Betäubungsspritze von dem Herrn bekomme und mir noch der Ellenbogen operiert wird. Die Verabschiedung war „kurz und knapp" und von beiden Seiten aus, lag ein Hauch von hoffentlich sehe ich den nie mehr wieder in der Luft. Könnte daran liegen, weil die Beratung knapp 20 Minuten dauerte und ich gekonnt, den Blick des Herrn Doktors auswich, als er des Öfteren, auf seine Uhr schaute, nach-

dem er erkannt hatte, dass bei mir nichts zu holen ist. Ich hatte ihn einfach ignoriert und noch zwei, drei Fragen ausgepackt. ☺ Oder er dachte sich vielleicht, dass er dies alles für läppische 30 Euro Beratungshonorar + 1,50 fürs Rezept über sich ergehen lassen musste. Kein Geld für Röntgen, kein Geld für Kortison-Spritzen. Nichts. (Sie wissen ja, in dieser Zeit werden normalerweise drei bis vier Menschen „abgefertigt").

Mit dem Rezept für die Krankengymnastik bin ich zu einem Physiotherapeuten meines Vertrauens gegangen, wo ich weiß, dass er sehr viel Erfahrung und Wissen auf diesem Gebiet hat. Ich ließ mir in den ersten 20 Minuten alles haargenau erklären, wie der Schmerz ausgelöst wird, welche Übungen sinnvoll sind usw. Eben das volle Programm, bis ich verstanden hatte, mit welcher Krankheit ich es zu tun habe. „Patsch!" Nach 3 mal 20 Minuten Physiotherapie und einigen Übungseinheiten zu Hause war der Schmerz schon so gut wie verflogen. Das Kuriose an dieser Physiotherapie war, als der Herr mir sagte, dass zu 80 Prozent die Ursache nicht im Gelenk selbst liegt, auch wenn dieses schmerzt, sondern es kommt von der verhärteten Muskulatur im Unterarm, die das Gelenk ständig unter Spannung hält. Das war's. Klingt logisch. Meine Unterarmmuskulatur hatte beim Schreiben im Bett dichtgemacht, um eine weitere Schädigung meines Körpers entgegenzuwirken. (So wie es auch die Muskulatur des unteren Rückens macht, bei schädigenden Bewegungsabläufen für die Wirbelsäule). Jetzt kann ich wieder schreiben. Mein Körper hat seine Selbstheilungskräfte ausgepackt, nachdem ich verstanden hatte, was zu tun ist. Ich bin komplett schmerzfrei am Ellenbogen. Und es ist mir eine Lehre. Ich werde keine Maus mehr in halbliegender Stellung bewegen. Ich hab mir ein „Tablet" besorgt und ein Diktiergerät, sodass meine Frau den größten Teil meines Ratgebers für mich Schreiben konnte. ☺ **Siehst Du! Mein Körper hat mich durch Schmerz gewarnt, dass etwas nicht in Ordnung ist und wenn ich so weiter mache, dass ernsthafte Schädigungen meiner Strukturen infrage kommen. Er hat mich zu Veränderungen animiert und es geschafft, dass ich mich verändert habe, – mit dem Resultat der Schmerzfreiheit.** Was aber wirklich krass ist, dass dieser Orthopäde durch den Kortisoncocktail, – den er in mein Ellenbogengelenk spritzen wollte, – nur den Entzündungsherd vorübergehend gestoppt hätte, aber nichts an der verdammten Ursache selbst. Meine Unterarmmuskulatur hätte weiterhin einen Zug auf das Ellenbogengelenk gebracht, mit einer immer wiederkehrenden Entzündung. Das Ende vom Lied wäre wohl auch hier eine völlig unnötige Operation gewesen. Aber wie gesagt: „Ich bin kein Schaf mehr". Und Du auch nicht!

2. Pass Dich deinem Alter an und an die neuen Grenzen, die Dir dein Körper auferlegt.

Was ich damit meine? Schau in den Spiegel. Das ist nicht böse gemeint. Wenn in deinem hübschen Gesicht nun die ersten Fältchen zu sehen sind oder sich vielleicht auch schon etwas tiefer liegende „Furchen" gebildet haben, wie es bei mir der Fall ist, dann kannst Du davon ausgehen, dass jede Zelle, jedes Organ, einfach alles an und in Dir genauso gealtert ist. Also hör auf, mit 50 Jahren noch aktiv „American Football" zu spielen. Ich denke Du weißt, was ich meine. Pass deine Aktivitäten deinem Alter an. Verfalle nicht in den zweiten Frühling. Das kann blitzschnell zu einem Bandscheibenvorfall oder zu einem Riss der Achillessehne führen usw. Mein Arbeitskollege zum Beispiel wollte es mit knapp 40 Jahren noch mal wissen. Das heißt aktiv Fußball spielen. In der ersten Mannschaft natürlich. Er hatte vorher außer Joggen keine Aktivitäten vollzogen. Das erste Training hatte er überstanden, das zur Folge hatte, dass er die nächsten Tage mit sehr starkem Muskelkater zu kämpfen hatte und kaum die Treppen zum Büro hochgekommen war. Er ist gelaufen, als hätte er eben einen „Einlauf" bekommen. Das sah für uns sehr lustig aus. Samstag drauf ging es für ihn los. Der erste Einsatz. Nach fünf Minuten war es auch schon zu Ende. Die Achillessehne riss mit einem lauten Knall. Wie ein Peitschenknall. Er dachte zuerst, ein gegnerischer Spieler hätte ihn ohne Ball gefoult, bis er begriff, was passiert war. Das war's. Feierabend mit der zweiten Karriere als Fußballer. Ich schreibe das, weil es in einem gewissen Alter angebracht ist, die Sportart zu wechseln und die Gelenke, Sehnen, Muskeln usw. zu schonen, damit sie noch lange ihren Dienst verrichten können. Also pass Dich deinem Alter entsprechend an und an die neuen Grenzen, die Dir dein Körper setzt!

3. Sei loyal zu Dir selbst!

Was ist mit loyal gemeint? Das Wort kennst Du sicherlich aus Mafiafilmen oder Gesprächen mit deinem Chef, deinen Mitarbeitern, deiner Familie usw.

> Loyalität bedeutet, im Interesse eines gemeinsamen höheren Zieles, die Werte und Ideologie des anderen zu teilen und zu vertreten. Loyalität zeigt sich immer dann, wenn wir jemandem zur Seite stehen und zwar freiwillig, weil wir uns selbst dazu entschieden haben, da wir uns mit den Werten und Ansichten einer Person, einer Gruppe oder eben auch eines Arbeitgebers identifizieren, diese teilen und gemeinsam dafür einstehen wollen. *Kurz gesagt:* Auf einen loyalen Menschen kann man sich verlassen und ihm vertrauen.

Warum schreibe ich das? Weil Du beispielsweise nach einer schweren Operation bzw. während dein Körper sich in einer Heilungsphase befindet, loyal zu Dir selbst sein musst! Du musst dann zuerst deine Ziele, deine Werte, deine Ideen verfolgen. Dies ist vor allem wichtig z. B. in der Akutphase nach einem Bandscheibenvorfall, um wieder zu Kräften zu kommen. Dein Körper braucht Dich jetzt mehr denn je. Alles andere muss hinten anstehen. Wenn Du das erkannt hast, wird es „Plopp" machen und es wird wieder aufwärtsgehen. Nicht von heute auf morgen. Aber es wird. Nach und nach.

Selbstverständlich möchte ich nicht, dass Du deine Loyalität gegenüber deiner Familie, deines Arbeitgebers usw. komplett aufgeben sollst. Du sollst nicht zum Egoisten mutieren. Aber prüfe bitte, ob diese Loyalität auch mit deiner eigenen konform ist. Ob deine Ziele, deine Werte, deine Ideen dadurch nicht hinten anstehen müssen. Ich bin der Überzeugung, dass dies auch eine sehr tragende Rolle einnahm, warum ich so krank wurde. Denn ich war nie loyal zu mir. Weil ich immer zuerst anderen gegenüber loyal war. Ich war immer loyal zu meinen Arbeitgebern, den Kunden (wir sind das), meinen Mitarbeitern, meiner Familie, Freunde und Bekannte. Ich habe immer versucht, die Interessen, die Ziele anderer durchzubringen, oft über meine Grenzen hinaus. Oft über die Grenzen des Machbaren hinaus. Oft über die rote Linie hinaus, die mein Körper gezogen hatte. Bis der Akku vollständig leer war und nicht mehr aufgeladen werden konnte. Wie steht es mit Dir? Bist Du loyal zu Dir? Oder warst Du überhaupt schon mal loyal zu Dir selbst? Denk mal darüber nach.

4. Vereine deinen Körper, deinen Geist und deine Seele.

Jetzt denkst Du bestimmt. „Oje, der Alte hat sie wohl nicht mehr alle". Glaub mir, ich habe genauso gedacht. Aber mein Erfolg gibt mir Recht. Du musst wieder ein Dreiergespann bilden. Du musst deinen Körper, deine Seele und deinen Geist wieder in Einklang bringen. Bei mir war einfach alles aus dem Ruder gelaufen. Ich hatte meinen Körper, als er schon am Boden lag, mit Füssen getreten, geknechtet, um ihn zu Höchstleistungen anzuspornen. Mein Körper schrie dadurch auf vor Schmerz. Er schrie immer lauter, immer länger, mit immer heftiger werdenden Schmerzen, bis eben meine Seele angefangen hatte darunter zu leiden. Und schlussendlich einen Knacks bekam. Ich weiß, dass es schwer vorstellbar ist. Aber es ist so. Worauf ich hinaus will: „Du musst Frieden mit Dir selbst schließen und anfangen, Dir selbst zu verzeihen. Du musst Dich so akzeptieren wie Du bist. Du musst akzeptieren, dass dein Körper beeinträchtigt ist". „DU" musst einen Weg finden, deinem Körper zu helfen, anstatt weiter auf ihn einzudreschen. Aber nicht in Form einer Operation, sondern in Form von Veränderung. Ich stelle mir gerade vor, wenn ich weiterhin gegen meinen Körper gekämpft hätte, mich nicht verändert hätte, was dann passiert wäre. Ganz klar! Dann hätte ich einen Epiduralkatheder auf meinem Duralschlauch liegen und sicherlich wären jetzt ein oder zwei Segmente meiner Wirbelsäule versteift. Ich wäre ein komplettes körperliches Wrack oder hätte dieser Welt wohl schon den Rücken gekehrt. „Also Freunde". Wie kann dein Körper wieder vertrauen zu Dir aufbauen? Das klären die nächsten Punkte und Unterpunkte.

5. Ernähre Dich richtig.
Beginnen möchte ich mit einem Zitat:

> **„Deine Nahrung soll deine Medizin sein und deine Medizin deine Nahrung sein".**

Dieses stammt von Hippokrates, dem Vater der Medizin. Der, wie Du schon weißt, den „Hippokratischen Eid" ins Leben gerufen hat. Dieser Mensch wurde in Griechenland auf der Insel Kos im Jahre 460 v. Chr. geboren. Er wurde in etwa 90 Jahre alt. „90 Jahre!" Lass Dir das mal auf der Zunge zergehen. 90 Jahre in dieser Zeit. In dieser Zeit, wo noch nicht das Essen durch ein paar Klicks aufs Handy bestellt werden konnte und 20 Minuten später durch einen Lieferboten überreicht wurde. Oder dass die Menschen in den Supermarkt gingen und überfordert waren, von dem überreichen Angebot an Lebensmitteln und nicht mehr wussten, welche Lebensmittel nun Medizin für den Körper sind und welche nicht.

Glaubst Du Hippokrates wäre in unserer heutigen, von der Werbung kontrollierten Zeit auch so alt geworden? Ja oder Nein? Ich sage Nein. Er hätte sich auch, durch die ständige und allgegenwärtige Beschallung der Werbung, mit uns auf den Weg gemacht, seinen Körper durch den Überfluss an Lebensmittel, Tag für Tag ein wenig mehr zu vergiften. Wahrscheinlich wäre er auch in unserem Schlaraffenland, das wir geschaffen haben, früher oder später an Adipositas, Leberverfettung, Leberzirrhose, Herz-Kreislauf-Erkrankungen, Krebserkrankungen oder an der zu unserer Gesellschaft nun schon so normalen Krankheit „Diabetes mellitus" (Zuckerkrankheit) gestorben. Er hätte sich genauso kaputt gefressen wie wir! Davon bin ich mehr als überzeugt.

Schlaraffenland? Du weißt nicht was das Schlaraffenland ist? Das ist ein Gedicht von Hans Sachs. Er lebte von 1494 – 1576. Hier mal ein kleiner Auszug zum Verständnis:

Das Schlaraffenland

Eine Gegend heißt Schlaraffenland, den faulen Leuten wohlbekannt;
die liegt drei Meilen hinter Weihnachten. Ein Mensch, der dahinein will trachten, muß sich des großen Dings vermessen und durch einen Berg von Hirsebrei essen; der ist wohl dreier Meilen dick; als dann ist er im Augenblick im selbigen Schlaraffenland. Da hat er Speis und Trank zur Hand; da sind die Häuser gedeckt mit Fladen, mit Lebkuchen Tür und Fensterladen.

Um jedes Haus geht rings ein Zaun, geflochten aus Bratwürsten braun; vom besten Weine sind die Bronnen, kommen einem selbst ins Maul geronnen.

An den Tannen hängen süße Krapfen wie hierzulande die Tannenzapfen; auf Weidenbäumen Semmeln stehn, unten Bäche von Milch hergehn; in diese fallen sie hinab, daß jedermann zu essen hab.

Auch schwimmen Fische in den Lachen, gesotten, gebraten, gesalzen, gebacken; die gehen bei dem Gestad so nahe, daß man sie mit den Händen fahe. Auch fliegen um, das mögt ihr glauben, gebratene Hühner, Gäns' und Tauben; wer sie nicht fängt und ist so faul, dem fliegen sie selbst in das Maul. Die Schweine, fett und wohlgeraten, laufen im Lande umher gebraten. Jedes hat ein Messer im Rück'; damit schneid't man sich ab ein Stück und steckt das Messer wieder hinein...

Was sagst Du dazu, zu diesem Auszug vom Schlaraffenland? Ist es nicht so wie bei uns? Klar müssen wir noch für das eine oder andere zum Supermarkt gehen, äh fahren und uns dem Stress aussetzen, unsere Gedanken zu sortieren, damit wir nur das kaufen, was wir wirklich wollen und nicht das, was die Werbung uns eingepflanzt hat. „Hmm obwohl?" Wir brauchen ja gar nicht mehr zum Einkaufen. Ein paar Handyklicks und wir kriegen alles nach Hause geliefert, – auch das gebratene Huhn wird an die Tür gekarrt. Und wenn wir wollen, wird uns der Lieferbote dieses auch in unser Maul stecken, genauso wie im Schlaraffenland. Für ein paar Euro mehr wird er dies sicherlich tun. Wer das ganze Gedicht liest, wird vom Jungbrunnen lesen, das ist wohl der Vergleich mit unserem Gesundheitssystem. Ja, wirklich. Das ist wirklich krass.

WIR FRESSEN UNS KAPUTT!
Wir fressen bis der Arzt kommt!

Und das Schöne, wenn wir nicht mehr gehen können, dann werden wir sogar ins Krankenhaus getragen. Zur Lebertransplantation, zur Herztransplantation, damit wir wieder fressen können. Oder zur Insulineinstellung, dann können wir wieder dem Zucker verfallen. Was für eine kranke Welt, wenn man sich das vorstellt. Unglaublich. Wann wachen wir auf?

Glaubst Du, dein Körper kann Dir vertrauen, wenn Du Dich mit „Gift" vollstopfst wie eine Weihnachtsgans? Glaubst Du dein Körper kann Dir vertrauen, wenn Du so unersättlich bist, bis Dir das schlechte Essen fast zu den Ohren rauskommt? Ich bitte Dich, nimm es nicht persönlich. Ich darf das schreiben. Ich war genauso. 46 Jahre lang war ich blind. Ich hab mich vollgestopft, meinen Körper vergiftet mit Zucker; mit Fertigessen; mit Fast Food; mit Milch, dass mir schon Brüste gewachsen sind; mit Fleisch, das mir mehr als einmal durch den Kopf ging (ausgekotzt, kann man es auch nennen). Wer weiß, wie viel Gammelfleisch da dabei war oder gespickt mit Entzündungsherden, die ich in meinen Körper aufgenommen habe. Eben schüttelt es mich. Auch deswegen, weil ich mich daran erinnere, wie ich vor kurzen beim Zappen, um die Schundprogramme im Fernsehen zu überfliegen, auf etwas unglaublich Ekelhaftes gestoßen bin. Der Titel der Sendung lautet: „Man vs. Food – die XXL-Challenge". Ich hab mir eineinhalb Folgen angesehen und hab mich danach gefragt, wie tief wir Menschen wohl noch sinken werden. In dieser Sendung wurde ein Mann von 80 bis 100 Menschen angefeuert, wie er einen knapp zwei Kilogramm schweren Burger, auf dem sich unglaubliche 1,6 Kilogramm Rindfleisch befanden, innerhalb von einer halben Stunde aufisst (auffrisst), um ein verdammtes T-Shirt zu ergattern. Bei der anderen Folge war es ähnlich ekelhaft. Und zwar sollte er unter dem Gejohle einer großen Zuschauermenge, einen 1,6 Kilogramm schweren Burger, auf dem sich drei dicke Scheiben Schweinefleisch befanden, innerhalb von 30 Minuten aufessen + eine Familienportion Pommes. Das hat er nicht geschafft, er ließ ca. 100 Gramm übrig, weil kein Platz mehr in seinem Magen war und ihm schon das „Fressen" aus dem Hals kroch. Dass er nicht geplatzt ist, grenzt an ein Wunder. Aber das Schlimmste kommt noch, während er so beim Fressen war, hatte er den folgenden Spruch rausgehauen: „Der Wolf, gegen die drei kleinen Schweinchen". Einfach widerlich und pervers. Sind wir das? Sind wir so tief gesunken? Haben wir den Verstand verloren? Wissen wir überhaupt noch was Fleisch ist? Weißt Du überhaupt noch, was Fleisch wirklich ist? Nein?

Verstehe ich! Wer kann schon wirklich erkennen, was Fleisch ist, wenn es so schön als Bratwurst in einem Brötchen verpackt ist. Oder so klasse gewürzt und angebraten, als Patty in deinem Burgerbrötchen liegt. Oder extra für unsere geliebten Kinder, das Fleisch zur Bärchenwurst verarbeitet wird, damit unsere Kinder von klein auf der Gehirnwäsche verfallen und sich mit dem toten Tier vollstopfen. Ja, ich verstehe es! Dann erkennt man nicht mehr, dass es sich dabei um ein totes Tier handelt. Das vor ein paar Tagen noch gelebt und geatmet hat. Fleisch ist und bleibt immer, egal wie „raffiniert" es verarbeitet wurde, ein totes Tier. Es ist und bleibt „Aas". Hä, sagst Du? Aas? Unter Aas versteht man den toten Körper eines Tieres, sobald er in den Verwesungszustand übergegangen ist. Klar kannst Du jetzt sagen: „Frisches totes Fleisch ist noch nicht verwest". Vielleicht hast Du Recht, vielleicht ist es noch kein Aas, wenn Du Glück hast und Du frisches totes Fleisch und kein Gammelfleisch gewürzt unter einer dicken Schicht Marinade serviert bekommen hast. Oder nicht die angelaufen und halb verwesten Reste der Wurstabschnitte in den allseits beliebten Leberkäse gemischt wurden. Der so gerne gegessen wird. Vielleicht hast Du Recht! Aber was passiert in deinem sieben Meter langen Darm, bis das Fleisch da durchgeschoben wurde bis zum Ausgang aus unserem Körper, um den stinkenden Abfall auszuscheiden? Bist Du Dir sicher, dass in Dir nicht das Fleisch ruckzuck zu Aas wird? Dass es nicht verwest durch die Aufspaltung deiner Bakterien im Darm? Bist Du Dir sicher? Folgendes meine liebe Leserschaft, nebenbei, dass Fleisch ein totes Tier ist, ist Fleisch einfach nur ungesund für unseren Körper. Die WHO-Behörde (die Weltgesundheitsorganisation) setzt z. B. verarbeitetes Fleisch, also die allseits beliebte Wurst, auf eine Stufe mit Rauchen, Asbest und Dieselabgasen. Fleisch erzeugt Krebs und Arterienverkalkung, Herz-Kreislauferkrankungen, Herzinfarkt und Schlaganfall. Hast Du schon mal versucht, eine Asbestplatte bei einem Wertstoffhof abzugeben? Ich hab es vor ein paar Wochen versucht. Das geht nicht. Der nette Herr hatte einen erschrockenen Satz zur Seite gemacht, als ob der Teufel vor ihm stehen würde, als er die Asbestplatte in meinem geöffneten Kofferraum sah. Hat nur noch gefehlt, dass er eine ABC-Schutzmaske über die Birne zieht und dabei den „Asbestalarm" (Krebsalarm) auslöst. Warum fragst Du Dich? Weil diese Platten Sondermüll sind. Die Herstellung, das Inverkehrbringen und die Verwendung von Asbest und asbesthaltigen Produkten sind seit dem 31. Oktober 1993 verboten. Warum wird dann nicht Fleisch und vor allem Wurst verboten, da es erwiesen ist, dass totes Tier Krebs erzeugt? Ich frage jetzt das zweite Mal in meinem Ratgeber: „Wo verdammt noch mal bleibt der Schutz durch unsere Regierung?" Wissen Sie noch den Artikel aus unserem Grundgesetz wogegen verstoßen wird? Nein? Artikel 2 Absatz 2: „Jeder hat das Recht auf Leben und körperliche Unversehrtheit".

Und jetzt möchte ich, dass Dir Folgendes bewusst wird:

„Jedes Essen, das Du zu Dir nimmst, wird zu deinem Körper. Jede deiner neu gebildeten Zellen, die dein Körper Tag für Tag bildet, trägt nun dieses zum Teil mit Entzündungsherden und durch Antibiotika verseuchtes Aas in sich. Jede neu gebildete Zelle trägt jetzt das Fett, den Zucker, die Pestizide, der verschmutzten und verunreinigten Lebensmittel in sich, die Du in Dir aufnimmst". Glaubst Du jetzt noch, dass Hippokrates in unserer Zeit 90 Jahre alt geworden?

Nun komme ich zu einem wichtigen Punkt, worauf ich hinaus will. Wenn wir jeden Tag unseren Körper mit diesen Lebensmitteln vergiften, was glaubst Du, warum Bandscheibenvorfälle uns so lange mit Schmerzen malträtieren? Weil diese Krankheit nicht an erster Stelle steht für unser Unterbewusstsein, für unseren Körper. An dieser Krankheit können wir nicht sterben. Denn unser Unterbewusstsein, unser Körper hat tagtäglich damit zu kämpfen, so gut es geht, unsere Arterien, unsere Blutgefäße, unsere Organe usw. und so fort von den Giften, die wir täglich in unseren Mund schieben, zu reinigen. Weil es die Werbung, die Industrie es geschafft hat, unser Gehirn zu manipulieren, uns süchtig zu machen, dass wir diesen Müll in uns stopfen. Trotz aufwendiger und mühsamer Reinigung bleiben Restgifte, die früher oder später einen Teil von Dir oder von mir kaputtmachen. Ob zuerst die Leber, die Lunge, die Nieren dran glauben müssen oder der Krebs zuschlägt, ist nicht gewiss. Aber eins ist sicher. Früher oder später ist es so weit. Die Statistiken beim Bundesamt sprechen für sich. Das erste Anzeichen wird wohl Diabetes sein und damit auch eine schlechte Wundheilung. Laut der „Deutschen Diabetes Hilfe" gibt es rund 8 Millionen Menschen, die an Diabetes leiden und zwei Millionen wissen noch nichts von ihrer Erkrankung an Diabetes.

Ich erinnere mich gerate an eine Situation, als ich einen alten Freund aus meiner Schule vor knapp drei Jahren wieder gesehen habe. Na ja, sagen wir so, er war kaum zu übersehen. Ich schätze, er hatte 130 Kilo. Bestimmt. Wie hat er zu mir gesagt: „Hey Mark, schau nicht so, ja, ich bin es". Diesen Körper hat nicht das Essen und Trinken geformt. Sondern das Fressen und Saufen. Wir mussten beide lachen. Mit diesem Spruch hatte er die Situation gekonnt aufgelockert. Heute frage ich mich, wie oft er diesen Spruch schon gesagt hat. Denn im Nachhinein tut er mir leid. Denn heute weiß ich selbst, dass es schneller geht als man denkt. Sich kaputt zu essen. Hätte ich weiter gemacht mit meinem Zuckerkonsum von über 250 g am Tag und dem fettigen Essen, dann hätte ich wohl ein Jahr später nicht 80, sondern 100 Kilo auf die Waage gebracht usw. Zwischendrin hätte ich wohl meine restlichen Zähne nicht an Gadolinium (Kontrastmittel beim MRT), sondern an Karies verloren. Karies ist eine weitere Wohlstandskrankheit unseres selbst erschaffenen Schlaraffenlandes. Die durch Bakterien verursacht wird, die Zucker in Säure umwandeln und somit unseren Zahnschmelz zerstören. Die Zerstörung geht bis in die Wurzel, bis zum Nerv und tötet. Tötet unseren Zahn. Was natürlich mit sehr starken Schmerzen verbunden ist. Du siehst. Zucker macht krank. Zucker ist nicht nur mitverantwortlich für Karies, Adipositas und Diabetes, sondern erhöht auch das Risiko einer Depression. Ja Freunde, da kann ich ein Lied von singen. Zieht die Notbremse. Ihr tut euch und eurem Körper keinen Gefallen. Aber es ist gar nicht so einfach, denn heutzutage ist überall Zucker drin, in den industriell verarbeiteten Lebensmitteln. Meist werden sogar nur ein oder zwei Gramm beigemischt. Beigemischt, um uns an der Stange zu halten. Süchtig zu machen. Denn Zucker wirkt wie Drogen auf unser Gehirn. Es setzt Dopamin frei und aktiviert das Belohnungssystem in unserem Körper. Der Einsatz von Zucker soll zur Folge haben, dass wir wie Junkies werden. Süchtig werden. Süchtig nach diesen scheiß Lebensmitteln, die unserem Körper so offensichtlich schaden. Zucker ist die Volksdroge Nummer eins. Das ist im Endeffekt so, wie wir es mit einem Esel tun, damit er dort hinläuft, wohin wir wollen, indem wir ihm eine wohlschmeckende Möhre sichtbar, aber unerreichbar vors Maul halten. So werden wir gesteuert von der Industrie. Immer ein kleines Häppchen dieser wundervoll süß schmeckenden Droge beigemischt, egal wo rein. Immer rein damit, dass wir auch wirklich immer zuerst zu diesen ungesunden und meist fettigen Lebensmittel greifen. Ich weiß, wovon ich rede. Ich war schon mit acht Jahren süchtig nach Cola. Dabei spielt es keine Rolle, welcher Industriezweig es ist. Ob es die Lebensmittel-, Fleisch- oder Getränkeindustrie ist. Die schenken sich alle nichts. Sei kein Esel mehr. „Wach auf!" Diabetes, Adipositas usw. sind keine zufälligen Krankheiten. Sie sind auch keine „normalen" Krankheiten, auch wenn es uns die Pharmafirmen (Politik?) vorgaukeln. WACH AUF!

Da fällt mir was ein. Wer ist denn überhaupt die Industrie, auf die wir alle immer so sehr schimpfen. Das sind wir, liebe Freunde. Du, Ich, dein Nachbar, wir ALLE. Wir sind es, die uns, unsere Kinder, unsere Enkel, unsere Erde vergiften. Wir sind das. Kein anderer. Es ist unsere Gier, unsere sogenannte „Feinschmeckerkultur". Leute, denkt mal drüber nach. Zeit zum Aufwachen.

Ich hör jetzt auf mit dem Thema. Ich möchte nur noch sagen, ich bin seit knapp zwei Jahren Vegetarier (viele Tage der Woche auch Veganer) und wisst ihr, was sich bei mir geändert hat? „Alles!" **Ich fühle mich wacher.** Mein Verstand ist wach. So wach wie nie zuvor in meinem Leben. Ich bin nicht mehr blind gegenüber meinem Körper. Ich bin nicht mehr blind und taub gegenüber den schädlichen Machenschaften der Industrie, die meinen Körper nach und nach vergiften wollte, um die Gewinne ins Uferlose zu steigern. Geld zu verdienen auf Kosten der Gesundheit aller Menschen. „Schmutziges Geld" zu verdienen. Ich bin nicht mehr blind und taub gegenüber dem Massenmord an unseren Nutztieren. Ich bin nicht mehr blind und taub gegenüber dem schrecklichen Abschlachten von Fischen und Wildtieren auf unserer Erde. Ich bin nicht mehr blind und taub, was die Zerstörung unserer Erde betrifft. „Ich bin nicht mehr dabei!" Lieber spät als nie! Du kannst das auch! „WACH AUF!"

Und ich war seit einem über einem Jahr nicht mehr krank durch irgendwelche Viren, obwohl mich mein zweijähriger Enkelsohn regelmäßig mit einer Rotznase besucht. Wie jede Mutter oder Vater bestätigen kann, ist das erste Jahr im Kindergarten für unsere Kinder eine Schlacht gegen die Viren. Wenn da ein Virus hier schreit, wird er sofort von unseren Kindern mit nach Hause geschleppt, die sie freudig an uns übergeben. ☺ In dieser Zeit wird das Immunsystem unserer Kinder so richtig auf Vordermann gebracht. Worauf ich mal wieder hinaus will, bevor ich meine Ernährung umgestellt habe, hatte ich ständig mit Grippe oder Erkältung zu tun. Taschentücher und Erkältungsmittel waren meine ständigen Begleiter. Das ist vorbei. Mein süßer Bubi hat es nicht geschafft, mich anzustecken. Das sagt was aus. Das kannst Du mir glauben. Hätte ich die momentanen Schmerzen nicht, wäre ich ein sehr gesunder Mensch.

Entschuldigung, falls ich wieder mal übers Ziel hinausgeschossen bin. Ich will hier niemanden zu nahe treten, jeder soll das machen, was er für richtig hält. Kein Thema. Aber es wäre nicht schlecht, wenn wir alle was gegen diese Manipulation unserer Gehirne tun würden, die durch die Werbung, durch den Zucker, durch das Fett in den Lebensmitteln ausgelöst wird. Wir sind doch keine Esel. Nur so können wir uns lösen aus der Gier nach ungesundem Essen. Damit wir aufhören, unser Paradies leer zu fressen und damit zu zerstören. Merkst Du nicht, wir zerstören unseren Planeten. Unser Paradies. Ist es nicht eine Ironie? Wir streben danach den Mars oder andere Planeten besiedeln zu wollen, weil wir Angst haben, dass unser Paradies irgendwann durch einen Kometen zerstört wird. Dabei sind wir es doch, die unaufhaltsam dabei sind, unser Paradies Tag für Tag ein bisschen mehr zu zerstören. Jeden Tag werden 30 Fußballfelder Regenwald pro Minute gerodet zum Anbau von Futtermittel für die immer größer werdenden Viehbestände, die wir Jahr für Jahr züchten und dann schlachten (z. B. 66,6 Milliarden Hühner, 1,5 Milliarden Schweine, 304 Millionen Rinder) um unsere Gier nach fressen zu befriedigen. Wir nimmersatten Menschen tragen dazu bei, dass all diese Nutztiere dazu beitragen unser Paradies zu zerstören. Kapieren wir nicht, dass die Gier nach dem Fleisch den größten Schaden an unserem Paradies anrichtet. Dass diese Tiere nicht nur unseren Planeten regelrecht zuscheißen – oder hast Du schon mal gehört, dass die Scheiße in die Kläranlage kommt? –, sondern auch Methan in die Atmosphäre lassen und somit der größte Erzeuger von Treibhausgasen sind. Eins noch zum Nachdenken: – „Würde die gesamte Getreideernte zu Nahrungsmitteln verarbeitet und nichts mehr zu Futtermitteln für Rinder, Schweine oder Geflügel, dann könnten vier Milliarden Menschen mehr ernährt werden". Heute leiden schon eine Milliarde Menschen an Hunger. Ist uns das egal? Einfach nur traurig. Na ja, wenn uns nicht mal der Nachbar interessiert, was soll uns dann jemand aus einer anderen Stadt, Land oder Kontinent interessieren. Warum sollte sich dann ausgerechnet ein Arzt für dein Leid interessieren? Unglaublich, was für eine unbarmherzige Welt wir geschaffen haben. Ich bin dafür, dass jeder, der gerne Fleisch und Fisch ist, sein Lebewesen, das er so lecker findet, selbst töten sollte und daraus selbst seine Chicken-Nuggets, seine Bratwurst, sein Steak, sein Sushi usw. macht. Wir sollten aufhören Killer dafür zu bezahlen. Ich glaube, dann wäre die Hälfte der Menschheit Vegetarier. Fertig. Nichts mehr zu diesem Thema, außer: Schau Dir nur drei Filme an:

- ➢ Cowspiracy,
- ➢ Seaspiracy und
- ➢ What the health.

Das reicht: Sie werden auch Dir die Augen und Ohren öffnen. Cowspiracy schockt mit Zahlen und Fakten, nicht mit Bildern grausamer Behandlung oder brutaler Schlachtung dieser lieben Lebewesen. Seaspiracy schockt auf allen Ebenen. Ich war geschockt und einfach nur maßlos traurig und enttäuscht. Ich habe mich gefragt, wie wir das zulassen können. Wie wir weiterhin dabei zuschauen können. Aber sieh selbst. Nimm den Schleier weg vor deinen Augen. Der dritte Film zeigt auf, wie man sich richtig ernährt: „What the health". WIR SIND KEINE FLEISCHESSER! ☺
Wir haben keine Reißzähne! Wir haben Zähne zum Zermahlen von Nahrung. Schalte Dein Gehirn ein. Ernähre Dich bewusst, damit Dir

dein Körper wieder vertrauen kann und nebenbei tust Du noch was Gutes für die Tier- und Pflanzenwelt unseres Planeten! Wie hat Hippokrates gesagt:

„Deine Nahrung soll deine Medizin sein und deine Medizin deine Nahrung sein". Mach die Augen auf und Du findest sie in unserem Schlaraffenland. Garantiert! Dann werden wir auch schmerzfrei 90 Jahre alt und unsere Kinder auch! Denke immer daran:

Unser Essen wird zu unserem Körper!!!

Zum Abschluss

Danke

Ich möchte hier nicht, wie es „normal" üblich ist, – „Was ist schon normal?" – mit einem „Danke" beginnen, sondern mit einer „Entschuldigung". Und zwar möchte ich mich nochmals bei meiner Frau Sybille und meinen Kindern Vanessa, Justine und Emily entschuldigen, die oftmals meine üble Laune ertragen mussten, – wohl auch in Zukunft noch das ein oder andere Mal ertragen müssen – und mir trotzdem immer bei der Verwirklichung meiner Bücher tatkräftig, zur Seite standen (vom Bilder malen bis hin zum Schreiben von sehr vielen diktierten Textpassagen) und mir dadurch die Kraft gaben, weiterzumachen. Solange weiterzumachen, bis das letzte Wort geschrieben war.

„Meine geliebte Familie: Ich möchte mich von Herzen bei Euch entschuldigen!" Gleichzeitig möchte ich aber Danke sagen: „Danke, dass ihr mit meiner Art und so mancher Marotte klarkommt. Danke für Eure Liebe, für Eure Geduld, Eure Hilfe und den Zuspruch, den ihr mir gegeben habt und den ihr mir weiterhin gebt. Ich liebe Euch!

Beschwerdestellen

1. Bei Verdacht auf einen Behandlungsfehler sollten Sie sich an erster Stelle an Ihre Krankenkasse wenden.
2. Gutachterkommissionen und Schlichtungsstellen bei den Landesärztekammern. https://www.bundesaerztekammer.de/patienten/ gutachterkommissionenschlichtungsstellen
3. Beschwerde über eine Rehabilitationseinrichtung oder ein Krankenhaus. Entweder bei deiner zuständigen Rentenversicherung oder direkt bei deinem zuständigen Landesministerium für Gesundheit.

Abbildungen:

Eigene Bilder: Abbildungen Nr.: 2 - 5, 12 - 28
Vanessa Kuhn: Abbildungen Nr.: 1
www.shutterstock.com/de/explore/royalty-free-images, pixabay.com/de,
www.pexels.com/de-de, Lizenzfrei Google: Abbildungen Nr.: 6 – 9, 11
https://www.bertelsmann-stiftung.de/de/themen/aktuelle-meldungen/2017/juni/ruecken schmerzen-in-manchen-regionen-wird-bis-zu-13-mal-haeufiger-operiert-als-andernorts Abbildung Nr. 10

Quellen

Bücher, Zeitschriften, Journale, Leitlinien, Artikel

Horung, Lächler, Psychologisches und soziologisches Grundwissen für Gesundheits und Krankenpflegeberuf   www.beltz.de/fileadmin/beltz/leseproben/978-3-621-27796-9.pdf (Patientenkarriere)

Gesundheitsbericht Diabetes – Erreichtes und Unerreichtes von Baptist Gallwitz, Jens Gröger

Sobota – Der komplette Atlas der Anatomie des Menschen in einem Band von R. Putz, R. Pabst

Sobota Lehrbuch Anatomie von Jensch Waschke, Tobias M. Böckers, et al.

Patienten Leitlinie zur Nationalen Versorgungs Leitlinie Kreuzschmerz 2. Auflage, Nov.2017 Vers.1

Patienten Leitlinie zur Nationalen Versorgungs Leitlinie   Kreuzschmerz Barrierefreie Internetversion Version 1.0 vom 19.12.2011

Bandscheibenbedingte Erkrankungen von Jürgen Krämer

Bandscheiben-Leiden: Was tun? von Prof. Dr. med. Paul Th. Oldenkott

S2k-Leitlinie Spezifischer Kreuzschmerz (Wissenschaftlicher Artikel)

Das lumbale Facettensyndrom von Jörg Jerosch, Jürgen Heisel

Der lumbale Bandscheibenvorfall von H. M. Mayer und F. C. Heider

Der Lumbale Bandscheibenvorfall von Johannes Breitenfelder und Rolf Haaker

www.aerzteblatt.de/archiv/60175/Die-degenerative-lumbale-Spinalkanalstenose

www.aerzteblatt.de/nachrichten/66341/Spinalstenose-Spinale-Fusion-in-Studien-ohne-(grosse)-Vorteile

Läsionen peripherer Nerven und radikuläre Syndrome von Marco Mumenthaler et al.

Leitlinien für Diagnostik und Therapie in der Neurologie -> Lumbale Radikulopathie

Lumbale Bandscheibenvorfälle Segment LW4/5 als physiologischer Schwachpunkt des Menschen von M. Schirmer

Lumbaler Bandscheibenvorfall – Management, klinische Aspekte und aktuelle Empfehlungen von M.N. Stienen, D. Cadosch, et al.

www.focus.de/gesundheit/ratgeber/ruecken/bandscheiben-ops-bei-9-von-10-patienten-ist-eingriff-vermeidbar_id_9060889.html

www.springermedizin.de/orthopaedie-und-unfallchirurgie/aerzte-legen-patienten-eher-unters-messer-als-sich-selbst/9956844

Praxis LWS-Erkrankungen Diagnose und Therapie von Anke Eckardt

www.br.de/gesundheitstag/rueckenschmerzen/rueckenprobleme-rueckenschmerzen-ruhe-bewegung-operation-100.html

Bandscheibenleiden der Lendenwirbelsäule Untersuchung, Bildgebung und Therapie-Möglichkeiten Medizinische Universität Graz PD OA Dr. Senta Kurschel-Lackner

Leitlinien für die sozialmedizinische Begutachtung Leistungsfähigkeit bei Bandscheiben- und bandscheibenassozierten Erkrankungen -> Juni 2009

Nationale VersorgungsLeitlinie: Nicht-spezifischer Kreuzschmerz Langfassung2.Aufl. 2017 Vers.1

https://aerztestellen.aerzteblatt.de/de/redaktion/facharztweiterbildung-neurochirurgie

Röntgendiagnostik Nutzen und Risiken Bundesamt für Strahlenschutz

www.spiegel.de/spiegel/kernspindiagnostik-wie-aus-kerngesunden-ploetzlich-kranke-werden-a-1125549.html

Ärztliche Aufklärungspflichten bei diagnostischen Röntgenuntersuchungen Teil 1 und 2 von Prof. Dr. Dr. Reinhard Loose

Computertomographie in Deutschland Ergebnisse und Erkenntnisse aus einer Kohortenstudie und Krankenkassendaten (AOK) von Roman Pokora et al. Dt. Ärzteblatt JG. 113 Heft 43 2016

Kernspintomographie bei Rückenschmerzen von Dr. I. Lauterbach

www.aerzteblatt.de/archiv/183104/Computertomographie-in-Deutschland

www.aerzteblatt.de/nachrichten/107561/Studie-CT-wirkt-sich-auf-das-Risiko-bestimmter-Krebserkrankungen-aus

www.mta-r.de/blog/strahlenbelastung-ct/

www.aerzteblatt.de/nachrichten/sw/Zweitmeinung

Beliebteste Facharztrichtungen: Es bleibt DER Chirurg und DIE Frauenärztin von Lukas Hoffmann auf www.healthrelations.de/aerztliche-fachgebiete-frauen-maenner

Wie sich ein Bandscheibenvorfall ohne Operation zurückbildet von Prof. Dr. med. H. S. Füeßl

www.welt.de/gesundheit/article4123062/Bandscheibenvorfaelle-heilen-oft-von-selbst.html

10-Jahres-Entwicklung operativer Eingriffe an der Wirbelsäule in Deutschland von Petzold et al.

www.aerzteblatt.de/nachrichten/56566/Behandlung-von-Wirbelsaeulenerkrankungen-hat-sich-rasant-entwickelt

www.aerzteblatt.de/archiv/13174/Schmerztherapie-an-der-Wirbelsaeule-Ist-die-CT-gesteuerte-Injektion-notwendig-Kein-Verlust-der-aerztlichen-Kunst

www.aerzteblatt.de/archiv/61248/Bildgesteuerte-Injektionstherapie-an-der-LWS

www.aerzteblatt.de/archiv/183399/GOAe-Ratgeber-Injektions-und-Infiltrationsleistungen-Erlaeuterungen

Injektionstherapie an der Wirbelsäule: Manual und Atlas Jürgen Krämer et al.

Landmarkengestütze Injektionstechniken an der Wirbelsäule von Theodoros Theodoridis et al.

Minimalinvasive Schmerztherapie rund um die Wirbelsäule von Raphael Scheuer

Minimalinvasive Wirbelsäulenintervention von Jörg Jerosch

www.aerzteblatt.de/archiv/15890/Der-Bandscheibenvorfall-Wie-zeitgemaess-ist-die-sogenannte -minimal-invasive-Therapie

www.aerzteblatt.de/archiv/38388/Behandlungsfehler-Zu-spaete-Aufklaerung-vor-Bandscheiben-Operation

www.zeit.de/2016/11/rueckenschmerzen-operation-wirbelsaeule (Tatort Wirbelsäule)

www.medizinischerdienst.de/versicherte/behandlungsfehler/

www.wa.de/nordrhein-westfalen/hamm-nrw-routine-op-patientin-ruecken-operation-krankenhaus-querschnittsgelaehmt-gesundheit-13841394.html

Das neue Patientenrechtegesetz – Umsetzung und Aufklärungen in der Radiologie von J. Hölting

Endoskopische Transforaminale Chirurgie (TES) Dr. med. Florian Maria Alfen

Bandscheibenvorfall: Schmerzverlauf nach CT-gesteuerter perkutaner Diskektomie von Dr. Susanne Krome, Melle

Planung, Vorbereitung und Nachkontrolle bei Operationen von degenerativen Erkrankungen der Wirbelsäule von Martin Lorenz et al.

Mikrochirurgie beim lumbalen Bandscheibenvorfall von Walter Maier, Marion Wiesmeier

Moderne Diagnostik und minimalinvasive Operationsmethoden bei Patienten mit schmerzhaften Iliosakralgelenksyndrom von Rahel Bornemann, et al.

Operative Behandlung des lumbalen Bandscheibenvorfalls von Andreas Pingel et al.Operative Therapie des lumbalen Bandscheibenvorfalls von F.C. Heider und H. M. Mayer

Katalog ambulant durchführbarer Operationen und sonstiger stationsersetzender Eingriffe gemäß § 115b SGB V im Krankenhaus Stand: 01.01.2019

https://de.linkfang.org/wiki/Liste_der_deutschen_Gesundheitsminister

http://docplayer.org/2229696-Deutschlands-op-statistik-ist-mangelhaft.html

www.dak.de/dak/bundesthemen/gesundheitsreport-2020-2371690.html#/

www.dak.de/dak/download/praeventionsradar-2116188.pdf

Katalog ambulant durchführbarer Operationen und sonstiger stationsersetzender Eingriffe gemäß § 115b SGB V im Krankenhaus Stand: 01.01.2019

www.dimdi.de/static/de/klassifikationen/ops/kode-suche/opshtml2020/

Kodierung und Vergütung in der stationären Versorgung 2020 Wirbelsäulenerkrankungen

Vom Code zur Rechnung. Kurzer Leitfaden zum DRG-System. Dr. med. Harald Brost

Uni Aachen   www.ergotopia.de/infografiken/rueckenschmerzen-kosten

www.forschungsdatenzentrum.de/de/gesundheit/drg
www.bundesaerztekammer.de/ueber-uns/aerztestatistik/aerztestatistik-2019/
www.bertelsmann-stiftung.de/de/publikationen/publikation/did/faktencheck-
ruecken(Rücken- schmerzbedingte Krankenhausaufenthalte und operative Eingriffe)
Krankenhausreport 2020 Finanzierung und Vergütung am Scheideweg von Jürgen
Klauber et al.
Krankheitskostenrechnung Statistisches Bundesamt (Destatis), 2018
www.bz-berlin.de/berlin/operations-praemien-fuer-berliner-aerzte   Artikel   geschrieben
von Herrn Lars Petersen 30.11.2014 akt. 16.06.2017)
https://www.stern.de/gesundheit/aerzte-appell-im-stern--die-titelgeschichte-zum-
nachlesen-8902860.html verfasst von Herrn Bernhard Albrecht 15.09.2019
www.deutschlandfunkkultur.de/reha-massnahmen-als-wirtschaftsfaktor-der-preis-
der.976.de.html?dram:article_id=345740
www.aerzteblatt.de/archiv/188014/Auslaendische-Aerzte-Arzt-ist-nicht-gleich-Arzt
https://staufer.de/experte/approbation-in-deutschland/
www.dahag.de/c/ebs/arbeitsrecht/deutsche-approbation-fuer-auslaendische-aerzte-1436
www.eap.bayern.de/informationen/leistungsbeschreibung/678510789965   (Anzeige
einer vorübergehenden und gelegentlichen Erbringung von Dienstleistungen)
Die Rentenbestände in der gesetzlichen Rentenversicherung in der Bundesrepublik
Deutschland zum 01.Juli 2019 (Durchschnittliche Erwerbsminderungsrente)
Gesundheit Diagnosedaten der Patientinnen und Patienten in Vorsorge- oder Rehabilita-
tionseinrichtungen Statistisches Bundesamt, (Destatis) 2017
www.tagesspiegel.de/berlin/bandscheibenvorfall-zahlen-fakten-hilfe/971658.html
Das Cafe am Rande der Welt von John Strelecky
Wertschätzung Die inspirierende Kraft der gegenseitigen Achtung von Anselm Grün
Analyse und Training der wirbelsäulenstabilisierenden Muskulatur von Achim Denner
Der neue Muskel Guide Gezieltes Krafttraining Anatomie von Frédéric Delavier
Differenziertes Krafttraining mit Schwerpunkt Wirbelsäule von Axel Gottlob
www.foodspring.de/magazine/tiefenmuskulatur
Lumbale Rückenbeschwerden Aktive Rehabilitation in der Physiotherapie von Harald
Band et al.
Einfache Übungen für einen starken Rücken Ihre Rückenschule für zu Hause von
Dr.KadePharma
RückenReparatur Die McGill-Methode, um Rückenschmerzen selbst zu heilen
Rückenschmerzen und Nacken-schmerzen Interdisziplinäre Diagnostik ... von H.-R.
Casser et al.
Training in der Physiotherapie Gerätegestützte Krankengymnastik von D. Seidenspinner
Wirbelsäule: Manuelle Untersuchung und Mobilisationsbehandlung für Ärzte und Physio-
therapeuten von Karla Schildt-Rudloff, Jochen Sachse, Gabriela Harke
Yoga Verstehen Die Anatomie der Yoga-Haltungen von Ann Swanson
www.diepresse.com/725775/wie-yoga-ihren-korper-ruinieren-kann
Manipulative osteopatische Behandlung scheint eine geeignete rehabilitative Interventi-
on nach lumbaler Diskektomie zu sein von K. Ammer
www.aerzteblatt.de/archiv/203025/Wirksamkeit-der-Blutegeltherapie-bei-chronischen-
unteren-Rueckenschmerzen
www.manuelle-orthopaedie.de/wp-content/uploads/2017/08/MRT-bei-
Rueckenschmerzen.pdf DAK Gesundheitsreport 2020
Der Einfluss des Sitzens nach lumbalen Bandscheibenoperationen auf den Verlauf der
postoperativen Beschwerden und die berufliche Wiedereingliederung von Lars Hol-
zer,Ffm (Dissertation)
Fachsprache Medizin im Schnellkurs: Fürs Studium und Berufspraxis von Axel Karenberg
www.merkur.de/leben/geld/rente-65-oder-67-nicht-erleben-lebenserwartung-
gesetzliches-rentenalter-zr-90080581.html

Webseiten: Kliniken und Orthopäden, Neurochirurgen und Radiologen
1) https://ruecken-zentrum.de 2) https://avicenna-klinik.com 3) https://bomedus.com
4) https://dr-christopoulos.de/ 5) https://gelenk-klinik.de 6)www.asklepios.com
7) www.barmherzige-brueder.at/portal/wien 8) www.betaklinik.de 9) www.dr.alfen.de
10) www.dr-benten.de 11) www.drweih.de 12) www.helios-gesundheit.de
13) www.innenstadtklinik.de 14) www.klinikumbadbramstedt.de 15) www.klinikum-dresden.de 16) www.klinikum-esslingen 17) www.klinikum-karlsruhe.de 18) www.klinikum-nuernberg.de 19) www.kompetenz-rueckencentrum.de 20) www.lumedis.de 21) www.marianowicz.de 22) www.muehlenkreiskliniken.de 23) www.neurochirurgie.mri.tum.de 24) www.neurochirurgie-katharinen.de 25) www.neurochirurgie-tuebingen.de 26) www.neuro-consil.de 27) www.ohnsorge-spine.com 28) www.praxis-am-alten-markt.de 29) www.praxis-finkelstein.de 30) www.sana.de 31) www.schmerzwerkstatt.de 32) www.schulthess-klinik.ch 33) www.uni-goettingen.de 34) www.uniklinikum-jena.de 35) www.uni-regensburg.de 36) www.wirbelsaeulenzentrum-erlangen.de 36) https://radiologie-am-lindenpark.de 37) www.halle-radiologie.de 38) www.institut-rachinger.at 39) www.klinikum-fulda.de/medizin-pflege/radiologie 40) www.mainradiologie.de 41) www.medizinio.de 42) www.mvz-uhlenbrock.de 43) www.online-oup.de 44) www.radiologie.de 45) www.radiologie.net 46) www.radiologie-bayreuth.de 47) www.radiologie-sauerland.de 48) www.radiologie-son.de 49) www.ruhrradiologie.de

Filme, die ich mir angesehen habe.
1) Bandscheiben OP – immer notwendig? 2) Rückenleiden: Wann wirklich operiert werden muss 3) 85 % der Rückenoperationen sind überflüssig 4) Faszien – geheimnis-volle Welt unter der Haut 5) Neurologische Untersuchung bei radikulärer Symptomatik – WSO 6) Lehrfilm Klinisch-neurologische Untersuchung NC Mainz – Praktikum Chirurgie 8. Semester 7) K1 Allgemeine neurologische Untersuchung 8) Bandscheiben Therapie ohne Operation. Dr. T. Hartmann 9) Facetteninfiltration – Folge 10 – Ortho Daily Five 10) Rückenschmerzen: Nerven veröden gegen das Leiden – Thermodenervierung 11)Facettendenervation LWS 12) Epi Peri – Folge 7 - Ortho Daily Five 13) Anleitung: Ultraschallgeführte Injektion der Halswirbelsäule 14) Anleitung: Ultraschallgeführte Injektion des Iliosakralgelenks 15) Neurochirurgie Live, Bandscheibenvorfall LWK 4/5 rechts, Operationstechnik 16) Mikrochirurgische Operation Bandscheibenvorfall Len-denwirbelsäule 17) Live-OP: Vollendoskopische interlaminäre Bandscheibenoperation Teil 1 18) Endoskopische Bandscheiben-Operation in der Ortho-Klinik Dortmund: Inter-laminärer Zugang 19) Wirbelsäulen OP Demoversion 20) Neurochirurgie Live, dorsale Stabilisierung an der Wirbelsäule mit Goniometer Operationstechnik
–> alle auf YouTube zu sehen
21) Piriformis Syndrom erkennen und behandeln / NDR auf deren Webseite integriert 22) Cowspiracy -> Netflix 23) Seaspiracy -> Netflix 24)What the health -> Netflix 25) The Game Changers -> Netflix 26) Ronny Coleman: The King -> Netflix

Weitere Filme aus denen ich Informationen gezogen habe
27) Bandscheibenprobleme und Rückenschmerzen effektiv behandeln |Die Bewegungs-Docs | NDR 28) Bandscheibenvorfall – live im OP 29) Bandscheibenvorfall – Münchner Medizintalk 30) Bandscheibenvorfall SRF Hippokrates 31) Bandscheibenvorfall, Rü-ckenschmerzen, Hexenschuß erklärt vom Facharzt am MRT (Kernspintomografie) Dr. med. M. Handwerker 32) Bandscheibenvorfall: Wann operieren? Klinikum Region Han-nover (Interview mit den Chefärzten Prof. Dr. Andreas Franke und Prof. Dr. Erol Sandal-cioglu) 33) Blutige Entlassung (ZDF Wiso) 34) DB 116 Bandscheiben Operation 35) Den Rücken selbst heilen – Münchner Medizintalk 36) Die minimal-invasive Wirbelsäu-lenkathederbehandlung 37) Diese Sportprofis leben vegan 38) Dr. Hölper: Der Faser-ringverschluss 39) Endoskopische Bandscheiben-OP AsklepiosKliniken 40)Endoskopische Bandscheiben-Operationen in der Ortho-Klinik Dortmund 41) Endo-

skopische Dekompression mit der Lasertechnik Dr. Schubert 42) Entstehung chronischer Rückenschmerzen 43) Laserbehandlung der Bandscheibe 44) Live-OP: Vollendoskopische interlaminäre 45) Mit versteiften Rücken Kasse machen Teil 1 46)MRT Kon-
trastmittel: Wie schädlich ist Gadolinium? | Visite | NDR 47) Perculine joint -
interventional percutaneous facet joint denervation 48) RIWOspine - Vollendoskopische
Wirbelsäulen-Chirurgie mit transforaminalen Zugang 49) RIWOspine PERCULINE nu-
cleo - perkutane Nukleoplastie der Bandscheibe 50) Rückenleiden: Wann wirklich operiert werden muss / Asklepios 51) Rückenschmerz-Diagnostik: Was macht der Arzt? 52)
Rückenschmerzen - Ursache liegt oft woanders / NDR 53) Schmerzen beim Bandscheibenvorfall! Mikrochirurgischer oder endoskopischer Wirbelsäulen-Eingriff? 54) Vegan
und fit: Muskeln brauchen kein tierisches Protein 55) Veganer im Spitzensport 56) Ver-
härteter Muskel statt Bandscheibenvorfall 57) Vitafil: Bandscheibenvorfall – live OP 58)
Wann ist eine Operation an der Wirbelsäule wirklich nötig? / Asklepios 59) Wenn der
Patient zu früh entlassen wird 60) Wirbelsäulenchirurgie - Wann ist eine Operation notwendig? SRH Klinikum Karlsbad-Langensteinbach (Interview mit Dr. med Tobias Pitzen,
Chefarzt Abteilung Wirbelsäulenchirurgie) 61) Ziegler & Kollegen – Gelähmt nach Bandscheibenoperation
–> alle auf YouTube zu sehen
62) Rückenschmerzen: Wenn das MRT zu viel verrät -> ARD Mediathek
63) Rückenschmerzen: Wann sind MRT und Röntgen sinnvoll? -> NDR auf deren Webseite 64) https://www.swr.de/swr2/wissen/swr2wissen-20200309-schaedliche-
kontrastmittel-wie-gefaehrlich-sind-mrt-100.html -> auf deren Webseite integriert
65) www.drsiedow.de/service/nukleoplastie -> auf dessen Webseite integriert

Statistiken, Studien, Zahlen und Fakten
Jährliche Gesamtkosten für Rückenleiden 53 Milliarden Euro, IKK e.V.-Broschüre Zah-
len, Daten, Fakten 2020, S. 45, www.ikkev.de/politik/zahlen-daten-fakten
Jährliche Gesamtkosten Diabetes Typ 2 ca. 35 Milliarden Euro, Gesundheitsbericht
Diabetes – Erreichtes und Unerreichtes von Baptist Gallwitz, Jens Gröger,
www.diabetesde.org/system/files/documents/gesundheitsbericht_2017.pdf
Jährliche Zahnärztliche Behandlungen ca. 28 Milliarden Euro 2019, Gesundheitsausga-
ben: Deutschland, Jahre, Einrichtungen, www-genesis.destatis.de/genesis
Universität of California: Spätfolgen einer CT-Untersuchung (Smith-Bindmann), Strahlentelex mit ElektrosmogReport 572-573, http://www.strahlentelex.de/Stx_10_572_S01-04.pdf
Anzahl ausgelöster Hirntumore durch CT-Untersuchungen (Schmitz-Feuerhake, Pflug-
beil), Strahlentelex mit ElektrosmogReport 572-573,
http://www.strahlentelex.de/Stx_10_572_S01-04.pdf
Kohortenstudie Kindercomputertomographie Studiengruppe (Pokora et al.), Dtsch Arz-
tebl Int 2016;113:721-8;DOI:10.3238/arztebl.2016.0721,
www.aerzteblatt.de/archiv/183104/Computertomographie-in-Deutschland
Studie USA: Bewertung der Bildgebung 25 auffällige Veränderungen: 10 Radiologen,
The Spine Journal 17 (2017) 554–561 Variability in diagnostic error rates of 10 MRI
centers performing lumbar spine MRI examinations on the same patient,
https://pubmed.ncbi.nlm.nih.gov/27867079/
Studie Uni-Klinik Greifswald: 90 % die älter als 40 Jahr sind haben kleine oder mittlere
BSV, Uni-Klinik Greifswald „Study of Health in Pomerania), www2.medizin.uni-
greifswald.de/cm/fv/ship/
Studie Dr. Weishaupt u. a.: 64 % von 60 Probanden haben Bandscheibenvorfall etc.
ohne Beschwerden, MR imaging of the lumbar spine: prevalence of intervertebral disk
extrusion and sequestration,nerve root compression, end plate abnormalities, and,
https://pubs.rsna.org/doi/10.1148/radiology.209.3.9844656

Studie von Prof. Alf Nachemson: 1000 Probanden 50 % Bandscheibenvorfall etc. ohne Beschwerden, Evaluation of results in lumbar spine surgery, https://pubmed.ncbi.nlm.nih.gov/8451971/

Seite 104: Qualitätsberichte/Referenzberichte Uniklinik aus dem Jahr 2017, Universitätsklinikum Würzburg, www.ukw.de/fileadmin/uk/qm/Qualitaetsbericht_2017_UKW _G-BA_ Referenzbericht.pdf

Cochrane-Institut: Analyse zu Kortisonspritzen -> basierend auf Artikel FAZ „Fatale Spritzen" von Michael Brendler + Stern „Jeder Stich ist riskant" von Constanze Löffler, www.faz.net/aktuell/wissen/medizin-ernaehrung/kortison-spritzen-warum-kortison-oft-mehr-schadet-als-nuetzt-15246589.html
www.stern.de/gesundheit/ruecken/therapie/spritzen-gegen-rueckenschmerzen-jeder-stich-ist-riskant-3564442.html

Anzahl Erwerbsminderungsrentner 1.775.100 Menschen Stand 2019, Armutsfalle Erwerbsminderungsrente, https://rentenbescheid24.de/durchschnittliche-erwerbsminderungs-rente-liegt-bei-830-euro/

Seite 55: Gesundheitsausgaben der privaten Haushalte 2019, Gesundheitsausgaben der privaten Haushalte in Deutschland in den Jahren von 1992 bis 2019, https://de.statista.com/statistik/daten/studie/39019/umfrage/private-haushalte---ausgaben-im-gesundheitswesen-seit-2004/

Mindestmengenregelung im Krankenhaus von Meike Hemschemeier et al. (Science Media Center), Bertelsmann Stiftung, www.bertelsmann-stiftung.de/de/publikationen/publikation/did/mindestmengen-im-krankenhaus

Behandlungsfehler Statistische Erhebung der Gutachterkommissionen und Schlichtungsstellen für das Statistikjahr 2015/2017/2018/2019, Bundesärztekammer, www.bundesaerztekammer.de/fileadmin/user_upload/downloads/pdf-Ordner/Behandlungsfehler /Statistische_Erhebung.pdf

Seite 72: Das Zehn-Milliardengeschäft - Fließbandarbeit an uns Rehabilitanden -, Gesundheitsausgaben Vorsorge-/Rehabilitationseinrichtungen, www.gbe-bund.de

Seite 93: Durchschnittliche Erwerbsminderungsrente Stand Juli 2020 -> 830,-€, Armutsfalle Erwerbsminderungsrente! https://rentenbescheid24.de/durchschnittliche-erwerbsminderungsrente-liegt-bei-830-euro/

Anzahl Suizide in Deutschland 9.041 Menschen 2019, Suizide, www-genesis.destatis.de/genesis
www.diabetesde.org/ueber_diabetes/was_ist_diabetes_/diabetes_in_zahlen

Nordic Walking trainiert 85 bis 90 % aller Muskeln des Körpers -> Dr. Dekkers, Nordic Walking für einen kräftigen Rücken, https://gesund.co.at/nordic-walking-ruecken-12537/

DAK-Studie 30 Prozent der Schüler zwischen 10 und 18 Jahren leiden regelmäßig an Rückenschmerzen, Präventionsradar Kinder- und Jugendgesundheit in Schulen, www.praeventionsradar.de

Statistiken des Grauens ab Seite 53 – 63: 1.) Einwohner in Millionen 1993 – 2019, Bevölkerung: Deutschland, Stichtag, www-genesis.destatis.de/genesis
2.) Gesundheitsausgaben in Milliarden 1993 – 2019, Gesundheitsausgaben in Deutschland in Mio. €, www.gbe-bund.de 3.) Gesundheitsausgaben pro Kopf 1993 – 2019, Gesundheitsausgaben in Deutschland absolut und je Einwohner, www.gbe-bund.de
4.) Anzahl Operationen 2005 – 2019, Operationen und Prozeduren der vollstationären Patientinnen und Patienten in Krankenhäusern (4-Steller), www-genesis.destatis.de/genesis
5.) Anzahl Prozeduren 2005 – 2019, Operationen und Prozeduren der vollstationären Patientinnen und Patienten in Krankenhäusern (4-Steller), www-genesis.destatis.de/genesis
6.) Anzahl durchgeführter Facettengelenksinfiltrationen 2005 – 2019, 7.) Anzahl durchgeführter ISG-Infiltrationen 2005 – 2019 8.) Anzahl durchgeführter Nervenwurzelinfiltrati-

onen 2005 – 2019 9.) Anzahl durchgeführter Epiduralinfiltrationen 2005 – 2019 10.) Anzahl Bandscheibenoperationen 2005 – 2019 11.) Anzahl Spondylophytenentfernung 2005 – 2019 12.) Anzahl Spondylodese unbeweglich 2005 – 2019 13.) Anzahl Osteosynthese teilbeweglich 2005 – 2019 Nummer 6.) bis 13.) Fallpauschalenbezogene Krankenhausstatistik (DRG), www-genesis.destatis.de/genesis 14.) Anzahl Krankenhäuser 1991 – 2019 15.) Anzahl Patienten im Krankenhaus 1991 – 2019 16.) Verweildauer, Liegedauer in Tagen 1991 – 2019 Nummer 14.) bis 16.) Krankenhäuser, Betten, Patienten: Deutschland, Jahre, www-genesis.destatis.de/genesis

www.bar-frankfurt.de/service/reha-info-und-newsletter/reha-info-2021/reha-info-012021/traegeruebergreifende-ausgabenstatistik-der-bar.html

www.gbe-und.de/gbe/pkg_olap_tables.prc_set_hierlevel?p_uid=gast&p_aid=83472214&p_sprache=D&p help=2&p_indnr=577&p_ansnr=35817565&p_version=2&p_dim=D.410&p_dw=28840&p_direc tion=drill = 6,7 Milliarden Leistungen zur Teilhabe

www.deutsche-rentenversicherung.de/SharedDocs/Downloads/DE/Statistiken-und-Berichte/Berichte/ versichertenbericht_2019 .pdf

https://educalingo.com/de/dic-de/ellenbogengesellschaft

www.baua.de/DE/Themen/Arbeitswelt-und-Arbeitsschutz-im-Wandel/Arbeitsweltberichterstattung/ Kosten-der-AU/Kosten-der-Arbeitsunfaehigkeit_node.html   149 Milliarden Bruttowertschöpfung Seite

www.stern.de/gesundheit/sucht/tablettensucht--fast-zwei-millionen-abhaengige-menschen-in-deutschland-8652510.html

de.statista.com/statistik/daten/studie/70600/umfrage/einberufungen-zum-zivildienst-pro-jahr Zivildienstleistende 2002 und 2009

https://ichi.pro/de/warum-alexander-der-grosse-diese-3-seltsamen-wunsche-in-seinem-sterbebett-machte-261095670388829

Habe fertig! ☺

Vielen Dank fürs Lesen. Helfen Sie mit, das DRG-System zu stoppen und somit den Operationswahnsinn. Das geht uns ALLE an!!!

Bitte schauen Sie auf meiner Webseite vorbei:
www.stopptdasdrgsystem.de

Lesen Sie auch meinen Ratgeber. „Diagnose Bandscheibenvorfall Was soll ich jetzt tun?" Er zeigt Ihnen, wie Sie sich vor einem Bandscheibenvorfall schützen können usw. usw. In diesem Ratgeber stecken 22 Jahre Patientenkarriere und wissen aus ca. zwei Jahren Recherche rund um das Thema Bandscheibenvorfall. Durch dieses Wissen können Sie sich und Ihre Kinder vor dieser gefährlichen Volkskrankheit schützen. Schauen Sie bitte auf meiner Webseite vorbei. **www.diagnose-bandscheibenvorfall.de** Vielen Dank! Herzlichst Ihr Mark Oberländer